빌둥에서
배운다

북유럽 교육 혁신,
개인과 공동체가 함께 성장하는 미래

빌둥에서 배운다

BILDUNG

Keep
growing

레네 레이첼 안데르센 지음

이원준 옮김

성균관대학교
출판부

차례

인간 정신: 삶을 의미 있게 만들기   20

빌둥과 정서 발달: 철학 대(對) 심리학   30

포크빌둥과 노르딕 국가들: 덴마크의 봄   82

● 로마 클럽 추천사

○ 로마 클럽 공동 회장이 드리는 말씀

이 책은 로마 클럽의 보고서로 채택되었다. 이 보고서는 인류가 본 질적인 것에 다시 집중하고 평생 학습, 교육 및 사고를 통합적으로 이해하도록 도우면서 동시에 많은 생각을 하도록 하는 안내서이다. 개인 발달, 학습 및 집단 문화 사이의 복잡한 상호 작용을 쉽게 이해하도록 발달 심리학과 빌둥을 심층적으로 비교 분석한 내용을 풍성하게 담았다. 이 책이 지역적, 유럽적 내러티브를 가지고 있지만, 글로벌한 넓은 시야와 큰 꿈을 보여주고 있다는 점도 동시에 강조하고 싶다.

여기에서 '빌둥(Bildung)'은 공유된 문화적 가치 체계 내에서 개인이 자기 주도(self-authoring) 단계로 발전하는 과정과 이 발전 과정에 필요한 도구를 의미하는 개념으로 제시되고 있다. 발달 심리의 자기 주도 단계는 한 개인이 자신의 고유한 개성을 표현하고 자신감과 책임감 있는 시민으로 기능하는 인간 발달의 단계에 해당한다. 그리고 저자는 다양성 내에서 통합을 이루고 우리가 속한 자연을 인류의 보금자리로 만들기 위해 '빌둥로즈(Bildung Rose)'의 개념을 대담하게 제안한다.

인류가 코로나19에서 벗어나고 미래의 팬데믹과 위기에 대비하기 위해서는 더욱 강한 회복력(resilience)과 연대 정신을 갖춘 공동체로 진화해야 한다. 이를 위해서 우리는 빌둥이 가지고 있는 통합적 힘을 더욱 잘 이해할 필요가 있다. 빌둥, 소속의 원(Circles of Belonging) 및 빌둥로즈 등의 개념은 새로운 종류의 국가 정체성의 가능성을 제공하고 있다. 이 새로운 국가 정체성은 '자아', '민족성' 및 '공동체'를 개별적으로 보는 대신에 유기적으로 연결된, 전체를 구성하는 구성 요소로 바라보는 전체론적(holistic) 관점이 담겨 있다. 이 새로운 정체성은 오늘날의 극단주의적 민족주의나 포퓰리즘과는 달리, 모든 문화와 사고를 수용하는 자애롭고 자부심이 넘치는 소속감에 기초를 두고 있다.

이 책은 지식 교환, 교육 및 평생 학습을 공동체, 국가, 글로벌의 복합적인 차원에 걸쳐 어떻게 하면 경제와 정치가 유기적, 통합적인 발전을 이룰 수 있을지를 진지하게 고민하는 독자들에게 많은 생각거리를 제공할 것이다.

로마 클럽의 보고서는 조직으로서의 로마 클럽의 의견이나 모든 회원의 의견을 반드시 대표하는 것은 아니다. 그러나 로마 클럽 보고서로 채택한 출판물들은 의미 있는 지적 공헌을 담고 있기 때문에, 로마 클럽은 이를 많은 사람들에게 알리고자 노력하고 있음을 밝힌다.

로마 클럽 공동 회장
상드린 딕슨 드클레브(Sandrine Dixson-Declève)
맘펠라 램펠(Mamphela Ramphele)

● 요약문

○

빌둥(Bildung)은 도덕적, 정서적 성숙이다. 한 개인이 사회에서 번영하는 데 필요한 교육을 받고 지식을 갖는 것이기도 하다. 자기 삶의 길을 개척할 자율성을 가지는 동시에 문화와 공동체에 깊이 뿌리내리는 것이다. 따라서 빌둥은 항상 개인적이고 독특하다.

빌둥은 영어에는 없는 독일 단어다. 1770년대부터 독일 철학자들은 내면 발달의 세속적 형태로서 빌둥을 탐구했고, 빌둥은 부르주아지 사이에서 많은 관심을 받게 되었다.

1830년대에 덴마크의 한 목사는 부르주아지 계층을 넘어서 농민에게도 빌둥이 필요하다는 것을 깨닫게 되었고, 새로운 종류의 학교인 폴케호이스콜레(folkehøjskole)¹를 구상했다. 1851년 덴마크 교사인 크리스텐

---

1   1814년에 중반에 덴마크에서 시작된 의무적인 7년 초등 교육을 마친 18-25세 사이의 청년들을 대상으로 하는 고등 교육 과정이다. 영어로는 'folk high school'로 보통 번역되는데, 여기서 'folk'는 국민을 의미하거나 귀족과 부르주아지와 같은 특권 계층이 아닌 일반인을 의미한다. 오늘날에는 일반적으로 12년 교육 이후에 이루어진다. 따라서 'high school'은 오늘날의 고등학교의 개념이 아니라 실용적인 기술과 대학 수준의 교육을 혼합한 보편적 수준의 고등 교육을 의미한다. 주로 소크라테스의 대화형 학습 방식으로 진행되는데, 시험과 점수가 없으며 순수한 학습에 대한 흥미로 공부를 한다.

빌둥에서 배운다

콜(Christen Kold)은 젊은 농부들이 스스로 생각하는 법을 깨우치도록 가르치는 방법을 알아냈다. 콜은 자신이 세운 폴케호이스콜레에서 농부들에게 감동적인 이야기를 들려주고 질문을 하도록 했다. 먼저 이렇게 관심을 끈 다음에 새로운 농업 기술, 과학, 철학, 역사, 종교, 문학, 예술, 경제 이론, 정치 등을 가르쳤다.

노르웨이, 스웨덴, 핀란드는 1860년대 덴마크의 폴케호이스콜레를 도입했다. 이로 인해 1900년경에 이르러 북유럽[2] 국가의 많은 젊은이들의 기술과 사고력은 크게 향상되었으며, 유럽에서 가장 가난했던 북유럽 국가들이 가장 부유한 국가들로 변화하였다. 빌둥에 기반한 이러한 발전은 북유럽 국가들이 농업 봉건 사회에서 근대의 민주적이며 산업화된 민족 국가로 평화롭게 이행했음을 의미하기도 한다.

오늘날 우리는 디지털화, 세계화, 코로나 및 환경 변화 등으로 새로운 도전에 직면하고 있고, 이러한 21세기를 위해 빌둥이 필요하다. 이 책은 빌둥으로 새로운 도전에 현명하게 대응하는 것이 어떤 모습일지 탐구하면서 끝을 맺는다.

---

2   역자 주: 편의상 북유럽과 노르딕을 같은 의미로 사용한다. 엄밀히 말하면 북유럽은 지리적 개념인 반면 노르딕은 문화적 개념이다.

산스크리트어 단어 '아트만(Atman)'은 내면의 자아, 영 또는 혼, 호흡을 의미한다. 독일어 단어 'Atmen'은 숨 쉬는 것을 의미한다. 두 단어 사이의 연관성은 우연이 아니다. 둘 다 같은 인도 · 유럽 조어 뿌리를 가지고 있다. 덴마크어도 인도 · 유럽어 계통의 게르만어이고, 덴마크어에서 '호흡(breathe)'은 'ånde'이고 영혼(spirit)은 'ånd'이다. 히브리어 '루아흐'(ruach)는 바람, 호흡, 영을 의미하고, 성경 창세기에 나오는 "하느님의 영이 물 위를 감돌고 있다"는 표현도 루아흐를 가리킨다. 신이 홍수로 지구상의 모든 생명을 멸하겠다고 위협할 때 사라지는 것도 모든 생명 루아흐다. 성경의 뒷부분으로 가면서 루아흐는 개별 인간의 영혼, 마음, 의식을 의미하는 것으로 쓰였고, 이는 단순한 본능보다 더 높은 의식을 말하며, 하느님을 묵상하고 섬길 수 있음을 의미한다.

호흡, 영, 의식이 다른 언어로 표현되었지만, 영적 전통에 연결되어 있다는 사실은 그리 놀라운 일이 아니다. 결국 우리의 의식과 삶 자체는 호흡이 멈추면 사라지는 것이기 때문이다.

우리의 숨결을 통해 인류가 서로 지금 연결되어 있다는 것은 악마 같은 아이러니다. 영적 지혜가 아니라 바이러스를 통해서, 삶이 아니라 죽음의 위험으로 연결되어 있다.

우리는 테크놀로지와 경제적 인프라를 구축하여 전 세계를 연결했지만, 이해력, 의식, 책임감, 양심으로 표현되는 우리의 정신을 고양하는 것은 잊었다. 인간 지식의 핵심과 최전선에 무엇이 있는지 공부하고 배우고 가르치는 일을 잊었다. 생각하는 것을 잊었고, 자신이 세계적으로 모두 연결되어 있다는 사실을 잊었으며 생명을 보호하는 일도 잊었다. 또한 우리 자신을 자연의 일부로 인식하는 것도 망각하였다. 지구 자원을 겸손과 존중의 마음으로 대하라는 다양한 영적 전통을 무시하였다. 우리는 지구를 물려받았지만 자원을 아껴 써야 하는 역할도 다하지 못했다. 지금 우리는 지구를 정원처럼 가꾸어야 하는 정원사이다. 그러나 그 역할 역시 잘 해낼 수 있을지 의문이 든다.

자신이 처한 상황을 이해할 수 있는 충분한 지식, 제때 적절하게 행동할 수 있는 정서적 성숙, '어떻게'와 '왜'라는 질문을 던지는 수양과 도야(陶冶)의 과정은 모두 독일어 단어인 '빌둥'으로 요약된다.

하나의 생명체 종(種)로서의 인류는 현재 기후 변화, 생명체의 대량 멸종, 감시 자본주의, 인공 지능(AI), 테러리즘, 심화하는 불평등, 금융위기 등과 더불어 코로나19와 같은 전염병으로 인한 실존적 위기를 겪고 있다. 이러한 위기를 극복하기 위해서 우리는 빌둥을 대규모로 빠르게 확산시켜야 한다.

우리는 몇 달 사이에 재난이 전 세계적으로 확산되는 것을 경험하고 이를 실시간으로 목격한 첫 번째 세대이다. 그러나 이런 도전 과제를 미해결 상태로 다음 세대에게 그냥 떠넘길 수는 없다. 우리 세대는 모든 인류를 위해 미래를 재정의해야 한다. 오늘 우리가 정치와 테크놀로지에 대해 어떠한 선택을 내리는지에 따라 미래 세대가 살아갈 기후, 생태계의 안위, 테크놀로지 인프라가 달라질 것이다. 미래 세대들의 삶의 질, 번영, 자유의 수준은 우리 손에 달려 있다. 모두 우리의 책임이다. 만약 우리가 사람들의 행동을 규제하기 위해 모든 곳에서 지속적인 감시를 실행하기로 했다면, 다음 세대는 감시를 당하는 삶을 살게 될 것이다. 우리가 계속 감시하지 않기로 결정한다면, 우리는 미래 세대에게 자유, 책임, 선택권을 주는 것이다. 그들에게 자유를 허용할지 말지는 우리 선택에 달려 있다. 자연과의 관계도 마찬가지다. 우리가 자연을 파괴하면 망가진 지구를, 자연을 보호하면 자연을 보호할 책임을 미래 세대에 넘겨주는 것이다.

우리는 자유, 책임 및 녹색 지구를 훼손하지 않고 성숙하게 대응할 수 있다. 자신을 자연의 통합적 일부로 이해한다면, 성숙한 책임 의식을 가지게 될 것이다. 따라서 우리는 빌둥을 널리 알릴 필요가 있다.

빌둥을 소개하고 탐구하면서, 녹색 지구를 향한 더 현명한 길을 제시하기 위해 이 책을 다섯 부분으로 구성하였다.

- 인간의 정신: 무엇이 삶을 의미 있게 만드는가?
- 의미 구성[3]과 빌둥: 정서적 발달과 이를 가능하게 하는 사회적 환경
- 덴마크의 빌둥 여정: 덴마크는 어떻게 빌둥을 포크빌둥으로 만들고[4] 다른 북유럽 국가로 수출했을까? 이것이 북유럽을 어떻게 변

---

3 역자 주: 의미 구성은 의미 형성, 의미 부여 등으로 표현될 수 있다. 인간의 경험과 생각과 느낌에 의미를 부여하는 행위이자 과정이다.

4 역자 주: 일반 계층의 사람들(folk)에게도 수용될 수 있도록 보편화시킨 빌둥을 포크빌

화시켰는가?

- 빌둥의 양적, 질적 성장: 과거와 21세기를 더 잘 이해할 수 있는 틀을 찾고, 이를 적용하는 과정을 통해 빌둥을 더 발전시키기
- 빌둥이 표방하는 바를 더 넓은 시선으로 이해하기 위한 개인적인 성찰

빌둥은 설명하기 쉽지 않은 현상이다. 이 책을 읽으면 당장 새로운 프로그램이나 학교를 시작하는 데 필요한 매뉴얼을 갖게 될 것이라 주장할 수는 없다. 그러나 이 책은 여러분이 한 개인으로서, 그리고 하나의 생명체 종으로서 가지고 있는 잠재력을 이해하는 데 필요한 새로운 시각을 제공할 것이라고 믿는다. 어떠한 상황에서든 여러분이 더 나은 '교육과 빌둥'5, 그리고 인간 정신의 잠재력에 대한 담론을 시작하는 데 필요한 영감을 줄 수 있기를 희망한다.

이 책을 통해 나는 인류의 미래와 지구의 안전에 관심이 있는 분들과 연결되기를 희망한다. 나는 정책 입안자들과 호기심 많고 양심적인 시민들을 마음에 두고 글을 쓰고 있다. 매우 추상적이고 학문적인 개념을 자주 사용하지만, 평이한 언어를 쓰고자 노력했다. 학자들을 위한 책과 그 외 다른 사람들을 위한 책을 따로 쓴다면, 인류가 직면한 주요 위기를 해결하

둥(folk bildung)이라 부른다. 빌둥은 귀족과 부르주아지 식자층의 전유물로 시작했다.

5 역자 주: 교육(education)은 공식, 비공식, 학문적, 실용적 등 어떠한 종류의 교육이든 간에 지식의 횡적 전이(horizontal transfer)에 중점을 둔다. 빌둥은 지식의 횡적뿐만 아니라 종적(vertical) 전이를 통해 깊은 정서적 발달과 높은 도덕적 지향을 추구한다. 횡적 전이는 지식 자체의 전달에 초점을 두지만, 종적 전이는 지식의 적용으로부터 얻는 깨달음을 추구한다는 차이가 있다.

는 데 필요한 의미 있는 대화의 장이 조성되지 않을 것이다. 우리가 거주할 수 있는 지속 가능한 지구를 자녀와 후손에게 물려주기 위해서는 패러다임의 대전환을 직면해야 하며 공유할 수 있는 준거틀을 마련해야 한다[6].

내가 유럽의 관점에서 글을 쓰고 있다는 사실을 숨길 필요는 없지만, 너무 유럽 중심적인 책이 되지 않도록 최선을 다했다. 그러나 책의 주제가 유럽에서 유래했다는 것은 피할 수 없는 사실이기도 하다.

나는 또한 덴마크의 관점에서 글을 쓰고 있다. 나는 덴마크인이며 덴마크에서 태어나고 자랐다. 20대 후반에 미국에 여러 번 방문했다. 나는 덴마크인으로 미국에 갔다가 유럽인으로 돌아왔다. 나의 조국 덴마크에는 내가 아주 싫어하는 면들이 있다. 예를 들어, 평범함을 존중하는 것과 흔히 듣는 '휘게(hygge)'와 같은 것들이다. '2016년 올해의 단어'로 선정될 정도인 휘게는 실제로 살아보지 않고 죽는 방법에 불과하다.

반면에 덴마크는 성숙한 사회라는 것을 인정할 수밖에 없다. 각종 국제 설문 조사들을 보면, 덴마크인은 가장 행복하고 높은 청렴도를 가지고 있고 타인과 공공 기관에 대한 신뢰도가 높다. 그리고 덴마크는 비즈니스하기에 가장 좋은 국가 중 하나다.

내 스웨덴 동료인 토마스 비요르크만(Tomas Björkman)과 함께 저술한 『북유럽의 비밀(The Nordic Secret)』에서 탐구한 것처럼 덴마크와 다른 북유럽 국가 뒤에 숨겨진 비밀이 바로 빌둥이다.

---

6   가독성을 높이기 위해 각주와 참고 문헌을 최소한 활용하였다. 책 말미에 문헌 목록이 있고, 책의 전반부는 『북유럽의 비밀(Nordic Secret)』(Fri Tanke, 2017)을 기반으로 하고 있기 때문에 주제별 출처의 온라인 모음은 아래 링크로 제공된 해당 도서의 웹사이트에서 찾을 수 있다. (https://www.nordicsecret.org/sources-by-chapter/)

● 감사의 말
○

특히 이 책을 완성하는 데 두 분의 공헌이 컸다.

먼저 나와 함께 『북유럽의 비밀(Nordic Secret)』(Fri Tanke, 2017)을 쓴 동료인 토마스 비요르크만(Tomas Björkman)이다. 이 책의 핵심 통찰력의 대부분이 이 책에 담겨 있다. 그리고 '북유럽 빌둥(Nordic Bildung)'이라는 조직에서 매일 함께 일하는 동료이자 편집자인 메테 흐비드 브로크만(Mette Hvid Brockmann)이다. 멜로 드라마에 나올 듯한 표현이지만, '당신이 없었다면 이 책을 쓸 수 없었다'고 말하고 싶다.

이 책은 또한 스테판 베르그하임(Stefan Bergheim), 스투를라 비에르카커(Sturla Bjerkaker), 보 하이만(Bo Heimann), 그레그 앙리케스(Gregg Henriques), 크리스터 니랜더(Christer Nylander), 작 스타인(Zak Stein), 아네 스토르가르트(Ane Storgaard), 에른스트 폰 바이제커(Ernst von Weizäcker)의 검토에 큰 도움을 받았다. 보내주신 의견에 감사를 드린다.

레네 레이첼 안데르센(Lene Rachel Andersen),

코펜하겐,

2020년 5월

● 역자 서문
○

다소 엉뚱하게 들릴지 모르지만, 이 책을 번역하게 된 계기는 역자가 지난 10여 년간 해온 창업 교육에 대한 고민 때문이다. 이 책은 대학과 현장에서 21세기에 적합한 창업 교육 모형을 개발하기 위한 실험 과정에서 얻은 깨달음을 체계화하는 데 큰 도움이 되었다.

창업의 본질은 세상의 문제 해결을 통한 가치 창출이다. 자기만의 비전과 용기로 도전하는 삶이다. 자기 해방과 함께 공동체와 사회에 대한 책임감도 가져야 한다. 다양한 이해 관계자들이 서로 충돌하는 세상 문제의 본질을 이해하는 넓은 안목이 필요하다. 다양한 경험을 가진 사람들과 비전을 맞추고 협력을 통해 시너지를 창출할 수 있어야 한다. 현장에 밀착된 과학적 사고가 없이는 소설일 뿐이다. 이런 인재로 성장하는 것은 그냥 되는 일이 아니다.

창업 교육은 결국 문제 해결과 인간 성장이라는 두 프로세스를 결합할 때 가장 강력하면서도 가장 현실적이라는 속성을 가지고 있다. 이런 관점에서 역자는 북유럽에 뿌리를 두고 있는 '팀 아카데미'라는 창업 교육 방법론에 이끌려 2017년에 협동조합으로 유명한 스페인의 몬드라곤 팀 아카데미(MTA)와 협업하여 SeTA라는 5개월 몰입형 프로그램을 운영해왔다(https://youtube.com/@seta_socialentrepreneurshi5767). 지난 7년 동안 연간 50~60명 학생들의 마음 안에 씨앗이 뿌려졌다. 나약한 책상머리 위의 모범생이 자기 주도적 청년으로 변모하는 것을 직접 목격하였다. 마음가짐, 신념, 행동이 달라졌다. 이 변화는 도대체 어디에서 오는 것일까?

프로그램 초기 3년간은 매년 수백 시간을 현장에서 학생들과 호흡을 같이 하면서 팀 아카데미의 정수를 이해하게 되었고, 북유럽 국가들이 성취한 선진 문화 DNA의 핵심을 발견할 수 있었다. MTA의 모태는 핀란드의 팀 아카데미(Tiimiakatemia)이다. 이렇게 시간의 역순으로 거슬러 찾아가면 독일의 빌둥 철학을 만나게 된다. 핀란드를 포함한 북유럽 국가들은 덴마크의 폴케호이스콜레를 받아들여 교육 혁신을 일구었고, 폴케호이스콜레는 독일의 빌둥(Bildung) 철학에 뿌리를 두고 있기 때문이다.

이 책은 바로 이 빌둥을 다루고 있다. 빌둥은 철학이지만 독일에서조차 이 단어는 단순히 교육을 의미하는 단어로 통용되고 있다. 글로벌 빌둥 네트워크에서 만난 독일 친구 필립도 대학원에서 빌둥 교육학을 전공했지만 이를 말로 설명하기란 쉽지 않다고 한다. 저자는 편의상 빌둥을 '정서적·도덕적 성숙이며 형성(形成, formation)의 과정이자 그 결과'로 설명한다. 한국의 연구자들은 도야(陶冶), 형성 등의 용어를 쓰기도 하지만 대체적으로 그냥 '빌둥'으로 표현하는 것으로 보인다.

이 책에는 21세기 전환기의 문제를 해결하고 더 나은 미래를 만들어 나가기 위해 빌둥을 어떻게 이해해야 하는지를 고민한 저자의 생각이 담겨 있다. 저자 레네 레이첼 안데르센는 덴마크 출신의 왕성한 저술가이자 영향력 있는 빌둥 운동가로서 빌둥 네트워크를 이끌고 있다. 역자도 본서의 메시지에 매료되어 글로벌 빌둥 네트워크에 참여하고 있다 (https://www.globalbildung.net/).

저자는 빌둥을 발달 심리 이론과 접목시켜 설명한다. 그리고 이를 바탕으로 저자는 19세기까지 유럽에서 가장 빈곤했던 덴마크와 북유럽 국가들이 오늘날 지구상에서 가장 앞선 나라들로 발전하게 된 '북유럽의 기적'이 폴케호이스콜레 교육 혁신 때문에 가능했음을 보여주고 있다. 더 나아가 저자는 빌둥을 복잡한 21세기에 걸맞은 빌둥의 재해석과 확장의 필요성을 강조하면서 빌둥으로 충만한 개인의 성장과 사회의 형성에 대한 모델을 제시하고 있다.

교육 혁신과 관련된 본서의 핵심 메시지는 다음과 같다.

첫째는 개인의 발전은 모든 사회의 변화와 혁신의 필수 조건이다. 교육 혁신을 통한 농민 자녀들의 계몽은 '북유럽의 기적'의 초석이다.

둘째로 개인과 사회 또는 공동체의 성장 과정은 분리될 수 없다. 이는 개인과 사회의 균형 발전은 북유럽의 선진성의 요체이다.

셋째는 가장 강력한 학습은 교육과 빌둥을 연결시킬 때 일어난다는 점이다. 학교 교육이 제공하는 지식 습득의 학습은 공동체의 문제를 해결하는 과정에 적용되어야 하며, 그 과정은 빌둥이라는 자아 발달 과정과 통합되어야 한다는 점이다. 우리나라에서 대안 교육의 모형으로 관심의 대상으로 삼고 있는 폴케호이스콜레 제도와 교육 방법론도 사실은 '교육 더하기 빌둥'이다.

넷째로 교육 현장은 학습자들에게 현실 문제의 간학문성(間學問性)에 대한 경험을 제공하여야 한다. 세상을 넓게 이해하고 왜 협업을 해야 하는지를 절실하게 느낄 수 있을 것이다.

역자는 21세기를 짊어지고 갈 미래 인재 양성을 위한 교육 혁신의 방향이 여기에 있다고 본다. 현장에서 이러한 혁신이 대학생들에게 얼마나 큰 영향을 주는지를 보고 들었다. 이 책을 매개로 독자들과 함께 같이 고민하고 해결책을 모색하는 계기가 만들어지기를 희망해본다.

인간 정신

: 삶을 의미 있게 만들기

"우리는 왜 여기 있는가?"

"기왕 여기에 있게 된 마당에 우리는 여기서 무엇을 해야 하는가?"

첫 번째 질문은 인간이 세상에 등장한 이후 줄곧 우리를 곤혹스럽게 해왔다. 가장 작고 기술적으로 낙후된 수렵 채집 부족을 포함한 지구상의 모든 문화는 자기들의 세상이 어떻게 만들어졌고 왜 만들어졌는지를 설명하는 창조 신화를 가지고 있다. 그러나 두 번째 질문은 다소 새롭다. 인류 역사의 대부분에 걸쳐 모든 인간은 생존을 위한 투쟁에 몰두해 왔기 때문에 어떤 삶을 살아야 하느냐에 대한 답은 다소 명확하다. 내가 살아남고, 자식들도 살아남도록 해 주는 것이다.

오늘날, 적어도 부유한 서양의 입장에서는 두 질문이 다르게 다가온다.

어떤 사람들은 첫 번째 질문에 대해 종교적인 답을 내놓는다. "하느님이 우리를 여기에 두셨고, 삶에는 의무와 도덕적 가치가 담겨 있다." 어떤 사람들은 그 질문에 다소 차가운 답을 내놓는다. "DNA가 생겨나 변이하고 분화를 통해 자기 주위에 세포를 만들며 진화했다. 세포는 다세포 생물, 척추동물, 영장류를 거쳐 결국 인간으로 진화했다. 따라서 생명체는 본질적인 가치가 없고 우리는 우연히 여기에 있게 된 것일 뿐이다. 단지 앞선 세대들이 잘 번식하고 성공적으로 살아남았기 때문에 우리도 여기 있다. 만약 삶에 더 깊은 의미가 있다면 우리 스스로가 그 의미를 창조해야 한다." 이 답은 두 번째 질문으로 이어진다.

어떻게 하면 인생이 의미 있을까? 일단 생존이 보장된다면, 이게 뜻하는 바는 무엇일까? 이런 실존적 공허와의 투쟁 중 가장 오래된 것은 전도서(Ecclesiastes)에서 찾을 수 있다. 코헬레스가 말한다. "허무로다! 모든 것이 허무로다!" 이렇게 생각하며 내리막의 삶을 살아간다. 삶을 무의미하게 받아들이는 2,500년 된 니힐리즘이다. 만약 삶에 의미가 있기를 원한다면, 그렇게 만들어야 할 뿐이다.

오늘날 우리는 테크놀로지의 진보로 인해 생산성이 매우 높고 많은 것들이 주어진 사회에서 살고 있다. 본인의 생존에 스스로가 별달리 할 수 있는 일이 없는 실존적으로 어색한 상황에 놓여 있다. 이론적으로 보면, 로봇이 모든 것을 생산할 것이기에 우리의 생존에 필요한 것들은 다 채워질 것이기 때문이다. 그렇기 때문에 인생의 점점 더 많은 부분이 우리 손 안에 그냥 쥐어지는 셈이다. 따라서 인생을 의미 있게 만들고, 삶의 목적을 찾고, 성취감을 주는 일을 하며, 지속적인 의미와 기쁨을 느끼는 일에 전념하는 것, 이 모든 것들은 다 우리가 하기 나름이다.

여기에는 두 가지 주요 장애물이 있다. 첫 번째 장애물은 우리의 내면의 세계와 개인의 선택이고, 두 번째 장애물은 수많은 상황을 규정하는 외부 세계로서 우리가 통제할 수 없는 부분이다.

그러므로 우리는 우리 자신을 자율성을 가진 개인임과 동시에 가족, 공동체, 국가, 또는 지구 전체와 같은 더 큰 어떤 것에 통합되어 있는 존재로 볼 필요가 있다. 우리가 공동체나 시스템에 통합된 존재라는 사실은 우리가 통제할 수 있는 것이 없음을 의미할 수 있지만, 공동체나 시스템이 존재하는 데 이바지한다는 것을 뜻하기도 한다. 만약 우리가 그 안에 존재하지 않는다면, 공동체나 시스템은 지금의 모습과 다를 것이다. 설령 아주 조금 다르다 할지라도 여전히 다른 것이다.

자율성(autonomy)과 통합성(integration)이라는 이중적 실존은 상황에 따라 다르게 나타난다. 만약 자율성이 극단적으로 제한되어 있다면 내 신체가 기능한다는 것 외에 삶의 개인적인 측면은 없을 것이다. 신생아의 상태나 강제 수용소 포로의 운명이 그렇다.

타인과의 분리는 우리가 가족이나 어떠한 공동체에도 통합되어 있지 않음을 의미한다. 이러한 분리로 인한 결핍이 어린 시절에 일어난다면, 정상적으로 발달하는 것은 거의 불가능할 것이다. 나중에 다른 사람과의 연결이 부족해 의미 있는 진정한 관계를 맺지 못할 수도 있기 때문이다. 이렇게 감정적으로, 문화적으로, 도덕적으로 격리되면 매우 절망스러울 것이다. 이러한 현상은 개인의 비극적인 상실감으로 인해 나타날 수 있지만, 개인적인 관계나 자율성이 허용되지 않는 강제 수용소나 권위주의 체제에서 맞이하는 개인의 운명이 그런 모습일 것이다. 이러한 실존적 상황은 자율적이지도 못하고, 인간의 삶과 통합을 이루지도 못한다. 즉 두 가지 모두가 결핍되어 있다.

어떤 면에서 보면 문화, 공유 도덕, 규범, 감정 등으로부터 괴리되어 고독하게 느끼는 것은 포스트모던 시대의 서구 사회가 우리 자신, 사회, 교육 시스템에 스스로 초래한 당연한 결과이다. 자유주의와 자본주의가 잘 작동된다면, 사람들은 자유롭고 부를 창출한다. 그러나 잘 작동이 되지 않는 경우에는, 사람들은 기존의 전통과 도덕성은 내버려 둔 채 눈앞의 이익을 두고 서로 싸우고 소셜 패브릭(social fabric)[7]과 상징 세계를 무너뜨린다. 학교가 국제 학업 성취도 평가(PISA) 등의 시험, 측정 가능한 지표, 끊임없는 경쟁으로 시달리는 '교육 공장'으로 전락하면서 경쟁력 있는 노동력은 생산할지 모르지만 인간의 영혼은 굶주리게 하고 있다. 학교는 아이들과 젊은이들을 삶의 보람으로부터 분리시키고, 자율성을 짓누르고 있다. 애착이란 것은 규격화하고 수치화하여 화면 안의 스프레드시트에 담을 수 있는 성질의 것이 아니다.

물론 자율성과 통합성의 수준이 높을수록 더 의미 있고, 풍부하고, 성취감 있고, 재미있는 삶을 영위하게 되는 것은 당연하다. 각 자녀의 고유성을 발전시키고, 강한 사회적 유대감을 형성하게 하며, 사람과 문화, 사회 모두에 대한 독립성과 연결성을 동시에 길러주는 가정 양육, 학교, 커뮤니티, 사회는 의미 있는 성장의 발판을 제공한다. 마찬가지로 의미 있는 삶이란 자신만의 일상 상황을 주도해 나가는 능력을 갖추고, 정보를 탐색하고 자신을 표현하는 자유가 있는 삶이다. 자율적이며 통합적인 삶을 사는 사람들은 자기 문화뿐만 아니라 다른 문화의 예술과 미학을 즐기고, 그 문화의 풍부함과 깊이를 향유한다. 그러한 사람들은 스스로에 대한 경제적 책임을 지고, 공부하고 배우며, 도덕적이며 윤리적인 뼈대를 갖추어가는 삶을 산다. 또한 자신과 다른 사람들을 위해 소신껏 말할 수 있는 능력을 개발하며, 역사적 존재로서 자신을 인식하고 집단으로서의 조국과 인류의 여정에 대한 뿌리 의식을 가지는 삶을 추구한다. 이러한 삶은 시민으로서 부여받은 권리를 가지고 적극적으로 사회적 조직에 참여하는 것을 의미한다. 이는 삶을 풍요롭게 하는 소셜 패브릭에

---

7   역자 주: 패브릭(fabric)은 사회, 문화, 도덕 등의 체계를 형성하고 있는 구조를 지칭한다. '소셜 패브릭(social fabric)'은 상호 의존적인 사람들이 공유 정체성을 기반으로 실의 직조를 통해 만들어진 응집된 직물과 같은 사회를 형성하고 있음을 표현하는 말이다.

깊숙하게 통합되어 가는 것이고, 자유, 의무, 독립, 상호 의존, 책임을 이해하는 것이기도 하다. 우리는 바로 이것을 빌둥이라 부른다.

빌둥이란?

빌둥에 해당하는 영어 단어가 없기에 우리는 독일어 단어를 그대로 사용한다. 스위스 심리학자 융의 이름과 같은 짧은 [oo]로 빌둥의 [ung] 부분을 발음한다. 이미지를 뜻하는 빌트(Bild)라는 단어에서 유래했으며, 원래는 신이나 그리스도의 형상으로 자아를 형성(形成, forming)하는 것을 가리켰다. 1700년대 중반에 이르러 빌둥은 세속적인 현상으로서, 스스로 목표로 하는 빌트 또는 이미지는 신의 형상이 아닌 완전히 발달된 자아를 지칭하게 되었다. 1800년대 전후에 요한 고트프리트 헤르더(Johann Gottfried Herder), 프리드리히 실러(Friedrich Schiller), G.W F. 헤겔(G.W F. Hegel)과 같은 계몽주의 말기와 초기 낭만주의 시대의 독일 관념론 철학자들이 이러한 종류의 세속적인 빌둥을 탐구했다.

따라서 빌둥은 형성(formation)의 과정이자 그 과정의 결과이기도 하다. 형성이라는 단어를 사용하지 않는 이유는 빌둥은 이렇게 풍부한 철학적 전통을 가지고 있기 때문이다.

빌둥은 완전히 파악하기 어려운 복합적인 개념이다. 그러나 심지어 독일인들조차도 지난 몇 세대에 걸쳐 보통 우리가 생각하는 교육을 의미하는 단어로 빌둥을 단순화시켜 버렸다. 빌둥도 시험 점수로 매길 수 있는 '학교'스러운 것으로 전락해버린 것이다.

이 책의 목표

빌둥은 영어에서 외래어인 동시에 이해하기 어려운 개념이기 때문에, 이 책은 아래와 같은 목표를 가지고 있다.

- 빌둥의 그리스, 체코, 스위스, 프랑스, 스코틀랜드, 영국의 뿌리를 추적하여 빌둥이 우리가 잊고 있던 유럽 유산의 한 단면임을 보여주기
- 빌둥의 개념을 탐구하여 게르만 문화권 외부의 사람들에게 알려주기
- 빌둥을 독일어 원래의 복합적 의미로 복원하기
- 1800년대에 덴마크인들이 어떻게 귀족과 부르주아들의 빌둥을 일반 사람들을 위한 포크빌둥으로 변화시켜 북유럽 국가들의 성공 토대를 마련했는지를 공유하기
- 우리가 간과하고 있지만 빌둥은 인간의 본질적인 현상이고 더 나은 미래를 향한 방향을 제시하고 있음을 보여주기

이 글을 쓰고 있는 순간, 코로나19 바이러스와 봉쇄 조치(lockdown)의 단기적인 결과가 어떻게 될지 말하기는 아직 이르지만, 이미 배운 한 가지 교훈은 정부가 정말로 무언가를 원할 때, 그들은 어떻게 해서든 간에 돈을 쓴다는 것이다.

포크빌둥은 팬데믹 이후 우리 사회와 경제를 회복시키는 가장 좋은 방법일 수 있다.

모든 인간은 자율성과 깊은 통합을 이룰 수 있는 잠재력을 가지고

있고 해방과 책임의 능력을 갖추고 있다. 모든 인간은 잠재력을 가지고 있고 빌등을 개발할 기회가 주어져야 한다. 그리고 지금은 이를 위한 우리의 정치적 노력이 필요한 시대이다.

빌둥과 정서 발달

: 철학 대(對) 심리학

빌둥이란 무엇일까?
빌둥 철학과 현대 발달 심리학은
겹치는 부분이 있지만 다르다. 현대
발달 심리학은 매우 명료하고 인간의
정서 발달을 과학적으로 설명하는 데
유용하다. 빌둥은 파악하는 것은 간단하지
않지만, 개인의 발달, 학습, 집단 문화
사이의 복잡한 상호 작용을 이해하는 데
효과적이다. 빌둥 철학과 발달 심리학을
비교함으로써 우리는 인간의 정서 발달에
대한 이해가 약 200년 전에 비해 얼마나
발전했는지, 그리고 서양 교육 체계의
토대적 사고가 초기에 비해 얼마나
진보했는지를 탐구할 수 있다. 이를 통해
시민들의 정서적 발달이 정치적 자유와
민주주의의 토대임을 발견하게 된다.

대부분의 사람들은 우리의 정신(psyche), 정서, 도덕적 역량이 유년기를 거쳐 성인기에 진입하는 과정을 통해 변화한다는 것을 인식하고 있다. 그러나 이러한 발달이 성인기에도 계속 진행되고 있다는 사실을 알아차리지 못하는 경우가 많다. 그럼에도 불구하고, 평균적으로 볼 때 35세와 75세의 정서적 삶과 세상을 바라보는 관점이 매우 다르다는 점을 지적하면, 다들 그다지 놀라워하지 않을 것이다. 이 성숙 과정은 성인의 정서적 발달, 심리적 발달, 개인적 발달, 자아 발달 등으로 다양하게 불린다. 그리고 이를 빌둥이라 부를 수 있다.

심리학과 자아 발달

발달 심리학에 따르면, 우리는 성숙해지면서 더 크고 작은 변화들을 겪게 된다. 그 변화의 일부분은, 엄청나게 고통스럽지는 않더라도, 우리에게 작지 않은 좌절감을 안겨 줄 수 있다. 이러한 발달 과정의 중요한 특성은 일반적으로 일단 다음 단계로 접어들면, 다시는 되돌아가지 않는다는 것이다.

몇몇 심리학자들은 삶의 단계들에 대한 이론을 발전시켰다. 이 이론들은 발달 과정을 5단계에서 많게는 13단계로 분류한다. 이렇게 우리의 마인드를 단계 모형으로 접근한 최초의 심리학자는 미국의 제임스 마크 볼드윈(James Mark Baldwin, 1861~1934)이지만, 가장 유명한 사람은 아마도 볼드윈에게서 영감을 받은 스위스 아동 심리학자 장 피아제(Jean Piaget, 1896~1980)일 것이다. 피아제는 약 15세까지 아이들의 정서적 발달을 탐구하였다. 그 과정에서 피아제는 마음(mind)은 의미 구성(meaning making)의 시스템이고 진화하는 유기체라는 통찰을 얻었다. 우리는 세상을 경험하면서 세상에 대한 가정(assumptions)을 확인하거나 수정하면서 배우고 성장한다.

피아제로부터 영감을 받은 미국의 심리학자 로런스 콜버그(Lawrence Kohlberg, 1927~1987)는 어린 시절을 넘어서 평생에 걸친 도덕성 발달(moral development)을 연구하였다. 콜버그는 1960년대에 도덕적 추론의 여섯 단계를 제안했는데, 이를 간단히 정리하면 아래와 같다.

1. 복종과 처벌 회피: 들키면 어떡하지?
2. 자기 이익 지향성: 나한테 도움이 될까?
3. 대인 관계와 순응(conformity) 지향성: 그들이 나를 좋아하고 신뢰할까?
4. 권위와 사회 질서 지향성: 사회 구조(social structures)의 유지에 도움이 될까?
5. 일반적인 사회 계약 지향성: 모든 사람에게 유용하고 큰 그림을 그리는 데 도움에 될까?
6. 보편적 윤리 원칙 지향성: 우리 시대를 초월한 목적을 달성하는

데 보탬이 될까?

이미 언급했듯이, 일단 우리가 인생의 새로운 단계에 접어들면 뒤로 회귀하지 않는다. 이것은 도덕성의 다음 단계에서 보면 앞 단계들은 미성숙하거나 부도덕해 보인다는 것을 의미한다. 예를 들어, 자신의 도덕적 추론에 의거하여 사회 질서의 유지를 지향하는 사람들(콜버그 4단계)은 "나에게 도움이 되는가?"라는 도덕적 성향(콜버그 2단계)을 가진 사람을 비도덕적으로 본다.

1) 로버트 케건의 5단계 마인드 복잡성

오늘날 성인 정서 발달에 관한 가장 간단한 모델 중 하나는 하버드 경영대학원의 성인학습과 전문 역량 개발 분야 전문가인 로버트 케건(Robert Kegan, 1946~) 교수가 개발한 자아 발달(ego-development) 모형이다. 이 모형은 5단계로 이루어져 있는데, 각 단계가 포괄적으로 정의되어 있어서 누구나 쉽게 이해할 수 있다. 각 단계가 넓게 정의되어 있어 집단과 전체 사회에서 어떤 종류의 발달이 가치 있게 여겨지는지 살펴보기 용이하다. 범주가 넓을수록 각 범주 내에서 상이한 변화를 수용할 수 있는 여지가 크기 때문이다.

○ 소유할 것인가, 아니면 소유될 것인가
— 자기 통제력과 주체적 존재 의식에 대한 분별력이 커짐

케건의 자아 발달 모델의 핵심은 인생의 어떤 특정 단계에서 우리를 소유하고 통제하던 것들이 나중에는 우리가 소유하고 통제할 수 있는 대상(object)이 될 수 있음을 이해하는 것이다. 우리 자신에 대한 통제력과 책

임감이 확장될 때, 자유는 증가하고, 주체로서의 존재 의식도 강화된다.

예를 들어 아직 배변을 통제할 수 없어 기저귀를 차야 하는 아이를 생각해 보자. 이 아이는 장내의 본능적 생리 현상을 통제하지 못한다. 생리 현상이 아이를 '소유(have)'하고 있는 셈이다. 그러나 아이가 성장하고 자아의식이 나타나기 시작하면서 변하기 시작한다. 아직은 자아에 대한 의식이 없지만, 두 살 무렵이면 세상에 존재하고 있는 '나'를 인식하기 시작한다. 이 '나'라는 것이 몸을 가지고 있다는 것을 발견한다. 그리고 그 몸을 통제하기 시작하면서 자아(self), 주체(subject), 에고(ego) 의식이 등장하고, 몸을 '나'라는 주체(subject)에 속한 대상물(object)로 여기게 된다. 더 이상 배변의 생리적 본능이 아이를 소유하지 않고, 대신에 아이라는 주체가 본능을 '소유'하고 통제하게 된다. 즉, 기저귀가 필요없는 새로운 자유도를 경험하게 된다.

객체로서 통제를 받고 고통을 겪다가 이를 초월하여 주체로서 통제를 하면서 자유를 확장시키는 과정은 삶을 통해 계속된다. 아이가 4살쯤 되었을 때, 우리는 아이 안의 주체가 자신의 충동과 감정을 '객체(object)'로 볼 수 있기를 바란다. 울거나 화를 내는 대신, 그 아이가 "나 슬퍼!" 또는 "나 화났어!"라고 말하고 감정을 소유물처럼 다룰 수 있기를 바란다. 유아들이 충동과 감정에 '소유되어' 있다면, 더 성장한 아이들은 충동을 초월하여 감정을 '소유하고' 그것들을 자유롭게 다룰 수 있게 된다.

10대에 들어 감정을 초월해 객체로서 감정을 소유하게 되면서 아이들은 가족과 사회의 규범을 내면으로 받아들이기 시작한다. 10대는 부모가 제공하는 실존적 보금자리에서 벗어나 사회의 공유 규범에 의해 '소유 또는 통제를 당하는' 어른이 되는 과정에 있다. 10대는 사회의 규범을 통해 자신의 감정을 자신의 일부가 아닌 객체로 보는 법을 배우며,

이는 곧 감정에 대한 사회적 규범을 자신의 감정에 대한 자신만의 규범으로 수용하는 것을 의미한다.

우리는 성숙해 가면서 집단적 규범과 충돌하는 경험을 하고, 그 과정에서 이러한 집단적 규범을 '객체'로서 볼 수 있게 된다. 우리는 주체적으로 사회 규범을 초월하고 성숙해진 자신의 의견으로 사회 규범을 '객체'로 바라보게 된다. 그리고 이를 어떻게 할 것인지를 스스로 결정하게 된다. 순응할 것인가? 아니면 나만의 삶을 선택할 것인가?

따라서 에고나 자아의식이 진화하는 데에는 일정한 패턴이 있기 마련이다. 삶의 특정 단계에서 다음 단계로 넘어가는 것은 특정 주체가 좀 더 복잡한 주체, 자아, 자아의식으로 발전하는 것을 뜻한다. 이는 곧 다음 단계의 더 발달된 주체가 전 단계의 덜 복잡한 주체를 소유하고 있던 것들을 객체로서 다룰 수 있게 된다는 뜻이다. 이 발전 단계를 거쳐 가면서 의식(consciousness), 자신의 자유에 대한 인식, 책임 의식 등은 강화된다. 이러한 과정이 바로 정서적 발달 또는 자아 발달이다.

2) 자아 발달의 5단계

케건의 자아 발달 모델은 아래와 같은 다섯 단계의 '마인드의 복잡성'으로 구성되어 있다.

1. 유아기(자기발견 마인드, self-discovering)
2. 유년기(자기 통합 마인드, self-consolidating)
3. 사회화된 마인드(자기 통치 마인드, self-governing)
4. 자기 주도 마인드(self-authoring)
5. 자기 변혁 마인드(self-transforming)

자아 발달의 단계들 사이에는 개인이 새로운 의식 수준에 정착해 가는 전환 단계가 있다. 콜버그의 단계처럼, 케건의 자아 발달 단계도 정해진 순서로 진화한다. 일단 우리의 마인드는 다음 단계로 발달하면, 극심한 스트레스를 받지 않는 한 이전 단계로 되돌아가지 않는다.

○ 유아기: 마인드 복잡성의 첫 번째 단계
― 자기발견 마인드

케건에 따르면, 유아기는 2살에서 6살까지이다. 이 나이의 아이는 자아를 인지하지만 충동 조절이 부족하고 보상 지연을 참지 못한다. 그리고 사람마다 자신만의 관점이나 목적이 있다는 것을 인식하지 못한다. 만약 자신이 무언가를 느낀다면, 다른 사람들도 그것을 느낀다고 생각한다. 그리고 마법적이고 애니메이션과 같은 세계관을 가지고 있고 인과 관계에 대한 개념이 약하기 때문에 사건들을 연결지어 스토리를 유추해낼 수 없다. 황금 신발을 신은 공주가 갑자기 슈퍼맨이 되어 말을 타고 나타나고, 타고 온 말이 곧바로 자동차로 변해버리는 식이다.

이 단계를 심리학자들은 다양한 명칭으로 부르지만, 우리는 '자기발견의 단계'로 부르기로 한다.

○ 유아기로부터 전환 ― 마인드 복잡성 1.5단계

5세 전후부터 주변 어른들은 충동을 조절할 것을 요구한다. 종종 아이에게 큰 좌절감을 주지만, 결국 아이는 그 방법을 터득할 것이다.

○ 유년기: 마인드 복잡성의 두 번째 단계

― 자기 통합 마인드

6살쯤이면 아이는 인과 관계를 이해하게 되고, 뒤죽박죽 이야기하는 대신에 어른들처럼 서술적 흐름을 가진 스토리로 표현할 수 있게 된다. 이러한 서술 감각은 자신에 대한 자아 감각과 세상의 일관성에 대한 인식과 연관되어 있다. 즉 과거, 현재, 미래로 이어지는 시간 흐름 속에 자신이 존재함을 인식하고, 지금의 선택이 미래의 나에게 영향을 미친다는 것을 이해하는 것이다. 따라서 친구들에게 지금 거짓말을 하면 그들이 다음엔 같이 놀아주지 않을 것이라는 인과적 스토리를 구성하게 된다.

점차 아이들이 커가면서 다른 사람들이 자신만의 관점을 가지고 있고, 스스로도 나만의 관점을 가지고 있다는 것을 이해하게 된다. 또한 다른 사람의 역할을 흉내낼 수 있고, 자신이 원하는 것을 위해 다른 사람들을 조종할 수 있다. 2살에서 6살 사이의 자기발견 단계의 아이들이 친구들과 즐겨하는 소꿉놀이는 이러한 능력을 발달시키는 데 기여한다.

이 단계의 아이들은 만약 어른들이 조건을 제시한다면, 그 요구에 맞게 행동하고 의무와 기대에 부응할 수 있다. 그리고 그 조건들이 아이들의 장기적 욕구를 충족시켜 준다면, 그 의무를 지금 당장 자신의 필요보다 더 우선시할 수 있게 될 것이다. 그러나 본인의 의무를 스스로 구성하지는 못한다.

심리학자마다 이 단계를 부르는 명칭이 다르나 우리는 이를 '자기 통합' 단계라 부른다. "나는 그림을 잘 그리고 피자를 정말 좋아하지만, 계란은 좋아하지 않는다"와 같이 아이가 자신의 변하지 않는 속성을 파악하기 시작하는 나이이다. 아이가 안정적인 자아의식을 얻도록 주변 사람들은 그 아이의 자아의식을 인정해 줌과 동시에 사회 규범이나 스포츠나 보드게임의 규칙과 같이 매우 구체적인 규범에 따라 노는 것을 배우도록 하는 것이 중요하다. 자기 통합적 성장의 일정 부분은 또래와의 상호 작용에서 이루어지기 때문이다. 그리고 5세쯤부터는 점점 더 부모보다 또래들이 도덕적 길잡이 역할을 더 많이 하게 된다.

○ 유년기에서 사회화된 마인드로 전환
— 마인드 복잡성 2.5단계

10대에 접어들 즈음부터는 아이들은 책임감, 상호성(mutuality), 약속을 지키는 것에 대한 타인들의 기대를 점점 더 충족시키게 된다. 사람들은 믿음직스럽고 공유된 규범에 맞게 행동하기를 바라고, 심지어 아무도 보지 않을 때도 그렇게 하길 바란다. 하지만 아직은 자신을 다스리는 법을 배우는 것은 고통스러운 단계이다.

○ 사회적 존재: 마인드 복잡성의 세 번째 단계
— 자기 통치 마인드

사춘기를 거치면서 우리 안에 친밀한 관계를 새로운 방식으로 맺을 수 있는 정서적 공간이 열리고, 친구 관계로나 감정적으로나 더 깊은 수준에서 다른 사람들과 연결될 수 있게 된다. 그런 깊은 관계가 주는 친밀감과 신뢰가 깨졌을 때 느끼는 고통 때문에 자신의 행동에 대한 새로운 종류의 책임감을 느끼고, 다른 사람들의 기대 수준에 부응하기 위해 노력하게 된다. 이 과정에서 사회적 교류를 단순히 거래로 보는 것이 아니라 상대에게 공감하고 내면의 세계를 공유하는 새로운 차원의 역량을 발달시키게 된다. 결과적으로 우리는 점차 다른 사람의 감정과 관점을 내면화하고 그 관점에서 세상을 볼 수 있게 되고, 공유하는 경험과 감정과 기분을 즐기게 된다.

이 새로운 친밀감의 영역은 신, 예술, 국가 또는 특정 이상(理想)에 대한 깊은 유대감을 갖는 것을 가능하게 해 준다. 이는 종교나 국가와 같이 역사와 서사를 공유하는 집단에 대해 의무감을 느끼게 해주고 자기를 희생하며 협업하는 능력을 개발할 수 있게 해 준다. 친구들과 가족 구성원의 감정에 충성하는 것은 최고의 도덕적 가치가 되며, 이는 축구팀, 종교, 국가 등과 같은 다른 모든 내집단(內集團, in-group, 배타적 소규모 집단)에서도 마찬가지이다.

그래서 우리는 내집단 안에서 도덕적 틀을 발견하고 이 집단을 통해 정체성을 형성하게 된다. 그러나 이는 우리가 감당해야 할 결과를 초래한다. 사회화된 마인드로 바라보면, 내가 속한 내집단에 대한 위협은 나에 대한 실존적 위협처럼 느껴진다. 자기 통치의 단계에 이른 사회화된 10대 혹은 성인으로서 우리는 우리를 지지하는 사람들과 지지하지 않고 위협을 가하는 사람들로 나누어 '우리 대(對) 그들'의 틀로 세상을 분별하는 경향이 있다.

자기 통치 개념에 내포된 집단 의존(group dependence)을 염두에 둔다면, 우리는 우리의 이념과 (또는)종교를 진실이라고 생각하는 경향이 있고 이러한 진실에 근거해 정체성을 확립하는 경향이 있다는 것을 발견한다. 나의 이념은 절대적인 진실이며, 내가 동의하지 않는 집단들이 추구하는 진실과 도덕적 가치를 받아들일 여지를 전혀 남기지 않는다. "당신은 나와 다르게 생각한다"를 "당신은 틀렸다"로 생각한다.

케건의 세 번째 단계는 콜버그의 세 번째 단계와 일치한다. "그들은 나를 좋아하고 신뢰할까?" 자기 통치 단계에 있는 아이들은 정신적으로 소속 집단과 그 내부에서 공유하는 규범을 벗어날 수 없다. 즉, 집단과 집단의 규범이 그 아이들을 소유하고 있는 것이다.

○ 자기 통치에서 자기 주도 마인드로의 전환
— 마인드 복잡성 3.5단계

우리는 다른 사람들의 기대가 항상 반가운 것은 아니다. 때로는 좌절감이 들 수 있다. 예를 들어, 이혼이 사회 규범과 상치된다 하더라도 결혼생활이 끔찍하다면 개인의 행복이 사회 규범보다 더 중요해질 수 있다. 좌절감이 너무 커지면 규범을 벗어나 자신의 삶을 재정의하고 싶을 것이다.

자기 통치적인 사회화된 마인드를 넘어서는 발달은 지극히 개인적인 과정이다. 이는 나의 진정한 자아(true self)가 드러나도록 하는 것이기 때문에, 주변에는 내가 필요로 하는 것을 충분히 이해하는 사람이 없을 수도 있다. 주변 사람들은 내가 초월하려고 애쓰는 바로 그 규범에 속박된 자기 통치 단계에 있을 것이고, 따라서 어느 누구도 초월하려는 나의 개인적 여정을 지지하지 않을 수 있다. 이는 순응이 공유 규범인 전통 사회에서 특히 그렇다. 매우 개인주의적인 현대 사회에서마저도 사람들에겐 '자기 자신을 발견'하기가 어려울 수 있다.

전형적으로, 사회화된 자기 통치적인 마인드에서 자기 주도적 마인드로 전환하는 것은 부모의 죽음, 이혼이나 실직과 같은 개인적, 사회적 위기와 관련되어 일어난다. 이러한 변화의 뿌리는 너무도 깊어서 이를 직면하게 된 사람들은 실존적 선택을 내리는 것을 피할 수 없다.

빌둥에서 배운다

○ 마인드 복잡성 4단계

― 자기 주도[8] 마인드

케건 따르면, 자기 주도적 개인은 자아실현을 추구하며, 사회의 규범과 진리를 객관화시켜 객체로 보는 능력을 갖추게 된다. 그런 사람들은 비록 가족이나 친구들로부터 배척을 당하더라도, 지적으로나 정서적으로 사회의 보편적 관점에서 벗어나 자신을 설정할 수 있게 된다. 이로써 자율성을 얻게 된다.

여전히 친밀한 개인적 관계를 맺고 집단에 속하는 것을 즐기지만, 도덕적 원칙과 정직을 중요하게 여긴다. 매우 가까운 내집단에서마저도 원칙은 감정보다 더 권위를 갖는다. 가족, 국가, 종교 집단, 정신적 지도자가 더 이상 궁극적인 권위의 대상이 아니다. 옳고 그름을 판단하고 사회에 도움되는지 판단하는 것은, 그 판단이 적절하든 아니든 간에 지극히 개인적인 책무일 뿐이다(콜버그의 4단계).

○ 자기 주도에서 자기 변혁으로 전환

― 마인드 복잡성 4.5단계

진정으로 자기 주도적 단계에 있는 사람이 자신의 성취를 위해 어떤 규범과 규칙을 받아들인다는 것은 그것이 자신의 번영과 성장에 도움이 된다는 것을 뜻한다. 만약 그렇지 않다면, 자신의 성장을 가로막고 있는 주변 환경도 성장하길 바랄 것이다. 더 높은 차원의 목적을 달성하는 데 도움이 되지 않는 것들은 하찮아 보이므로 거리 두기를 할 것이

---

8   역자 주: 자기 주도(self-authoring)는 글자 그대로 스스로가 자신의 삶의 저자가 되는 것을 의미한다.

고, 경우에 따라서는 역설적으로 자신과도 거리를 두려할 수 있다. 자신의 계획과 야망을 넘어선 그 이상의 것과 연결하기를 원하기 때문에, 4.5단계를 자신과 거리 두기(self-distancing)로 부를 수 있다.

○ 시스템 관점: 마인드 복잡성 5단계
— 자기 변혁 마인드

이 자아 발달 단계는 가장 묘사하기 어렵지만, 가족 내의 할아버지와 할머니는 이를 알고 있다. 사람들의 상호 작용뿐만 아니라 개개인의 행동, 태도, 특이점이 모든 개개인과 집단과 전체에 미치는 영향을 이해한다.

사람들은 자신의 아이들이 이 세상에 태어나 잘 성장하도록 키우는 과정에서 많은 실수를 저지른다. 그리고 이 아이들이 성장하여 자신들의 아이들을 키우게 되면서 또다시 같은 실수를 반복한다. 지혜란 가족 구성원들 사이의 역학 관계를 보는 능력이고, 어떤 실수에는 관여하고 어떤 경우에는 그러지 않아야 하는지 아는 능력이다.

만약 우리가 공동체나 국가 같은 더 큰 집단에 대해 이런 시스템적 관점을 적용시킨다면, 이 마인드 복잡성의 5번째 단계는 어떠한 진실이나 원칙도 절대적일 수 없고, 사람, 상황, 원칙 등이 얽히고설켜 있다는 것을 이해하는 매우 복잡한 존재 양식일 것이다. 시스템적 관점을 가진 '조부모'와 '자기 변혁자(self-transformer)'들은 이러한 역설을 즐기지는 않더라도 결국 받아들이게 된다. 이와 같은 시스템적 관점은 자아를 상호 연결된 전체의 일부로 본다.

삶의 여정 속에서 자기 변혁은 불안정한 상태로 다가오지만, 개인적 차원에서의 연속성은 여전히 존재한다. 시간이 흘러가도 자아가 가지고 있는 기억과 스킬과 성향은 동일하고 따라서 자아의 존재는 계속

된다. 그러나 이러한 자기 변혁의 존재 양식은 숱한 위기와 실패, 푸시백(pushback)[9]을 겪으면서 형성되고 때가 되면 드러나기 마련이다.

3) 복잡성의 다섯 단계

케건의 자아 발달 다섯 단계를 정리하면 다음과 같다.

1단계	2세~6세	자기발견* (self-discov-ering)	• 외부의 권위와 경계선을 필요로 함; 약속을 못 지킴 • 첫 또래들 • 뒤죽박죽 생각이 엉킴 • 충동에 소유됨
2단계	6세~10대	자기 통합* (self-consoli-dating)	• 외부의 권위와 경계선을 필요로 함; 약속을 지킴 • 집단을 추구 • 체계적 사고 • 감정에 소유됨
3단계	10대~성인	자기 통치 (self-govern-ing)	• 내부화된 규범 및 경계 • 순응성 • 원칙과 자신보다 그룹을 우선시함 • 그룹의 규범, 이상, 가치관이 개인을 소유
4단계	성인	자기 주도 (self-author-ing)	• 자신만의 규범 • 이상과 가치를 가짐 • 집단보다 원칙을 더 중요하게 봄 • 개인적 자율성에 소유됨
5단계	성인	자기 변혁 (self-trans-forming)	• 상호성 • 규범을 갱신함 • 시스템 관점; 자신을 포함해 전체 그림을 봄 • 전체적 사고 • 과정을 인지, 흐름을 받아들임

〈표 1〉 에고(ego) 발달   * 케건의 용어가 아님

---

9   역자 주: 푸시백에 대한 자세한 설명은 본서 173쪽 참조. 일반적으로 푸시백은 삶의 여러 상황에서 경험하는 저항, 반대, 도전으로 자신이 가지고 있는 현실에 대한 이해나 믿음이 실재와 다름을 인지할 때 나타난다.

4) 자아 성장 과정

삶의 한 단계에서 다음 단계로 가는 과정에는 더 많은 자유를 얻기 위해 항복하고 맡긴다는 공통분모가 있다. 이는 감정적이고 철학적인 역설이지만, 현재의 자아의식을 다음 단계에 맡기고 이에 걸맞은 수준의 책임을 질 준비가 될 때마다 우리는 새로운 수준의 자유를 얻게 된다.

몸이 마음에 '항복'하여 마음의 통제를 받는 것을 수용할 때, 우리는 감정에 귀 기울이는 자유를 얻는다. 우리의 감정을 사회의 규범에 굴복시키고 이를 자신의 규범으로 받아들였을 때, 우리는 신뢰할 만한 사람으로 받아들여지면서 다른 사람들과 친밀한 관계를 만들어 나갈 수 있는 자유를 얻는다. 스스로의 감정을 억제함으로써, 우리는 새로운 감정 경험을 발달시킬 수 있기 때문이다. 그리고 사회화된 자아와 사회적 규범에 부딪히는 개인적 좌절은 우리로 하여금 해당 규범을 무효화하여 자율성을 얻도록 해 준다. 발달의 각 단계에는 항복과 새로운 세계의 열림이 있고, 한 단계에서 다음 단계로 넘어가는 과도기 사이에 경험하는 내면의 불안 상태는 인접한 두 단계에 상응하는 책임과 자유의 수준 사이를 오가는 몸부림이다.

인식론

빌둥을 본격적으로 탐색하기 전에 인식론(epistemology)이라는 용어를 소개하고자 한다. 케건은 앞에서 소개한 복잡성 단계 모형을 다섯 단계의 인식론이라고 부르기도 했지만, 여기서는 인식론을 다른 의미로 사용할 것이다.

이 책에서 인식론이라는 단어는 사람이 세상을 이해하는 데 필요한 통로 역할을 하는 언어, 상징(symbol), 문화, 지식 등을 지칭한다. 인식론은 자아의 발달과 함께 사람이 이러한 통로를 통해 세상을 어떻게 인식하는지 규정한다. 즉, 인식론은 우리가 세상을 보기 위해 사용하는 여러 문화적 색채를 띤 안경인 셈이다.

특히 집단적 인식론과 문화 발달에 대한 논의를 하는 맥락에서 인식론이라는 용어를 사용할 것이다. 인식론에는 모두 각자의 삶 속에서 배우면서 끊임없이 업데이트하고 개선하는 개인 차원의 인식론과 함께 집단 문화적, 사회적 차원의 인식론이 존재한다. 어떤 사회든 간에 대부분의 사람들이 공유하는 언어, 지식, 가정(assumption) 같은 집단적 인식론이 존재하기 마련이다. 이 집단적 인식론은 개인적 차이에도 불구하고, 세상에 대한 이해의 공통분모를 갖도록 해 준다.

빌둥과 독일 철학자들

빌둥의 가장 초기 개념인 파이데이아(paideia)는 고대 그리스에서 유래되었기 때문에 깊은 유럽적 뿌리를 가지고 있다. 우리가 탐구할 빌둥 철학자들이 파이데이아에 대해 구체적으로 언급하지는 않았지만, 그들의 빌둥 철학은 그들이 속한 사회에서 살면서 경험한 좌절로부터 성장했다.

역사적으로 그들의 사회는 우리가 경험하는 사회와 크게 달랐다. 빌둥을 탐구하기 위해 역사적 맥락을 들여다보는 이유는 몇 가지가 있다. 첫 번째는 개인과 사회와 문화, 정치의 발달 간의 연관성을 강조하기 위해서이다. 우리는 개인적 상황으로 인해 성장하기도 하고 제약을 받기도 한다. 세상을 더 나은 곳으로 만들기 위해서는 우리의 성장이 선행되어야 한다. 더 많은 자유를 위해선 더 많은 책임을 져야 한다. 두 번째 이유는 오늘날 서구 사회가 누리는 자유를 얻기 위해 얼마나 많은 노력을 했고, 그 과정에서 역사적으로 철학적 사고가 얼마나 중요했는지 보여주기 위해서다. 지식인은 모든 사람의 행복에 중요한 역할을 수행한다. 철학자와 사상과 표현의 자유가 없는 사회는 가난과 억압으로 고통을 당하기 마련이다. 세 번째 이유는 250년 또는 그 이전 시기의 사람들이 멍청하지 않았다는 점이다. 당시 최고의 지성인들은 지적 자유를 누리고 좋은 동료들과 교류하면서 오늘날에도 여전히 중요한 본질에 대한 심오한 통찰을 하고 있었다.

역사를 들여다볼 때마다, 우리는 현재의 관점에서 역사를 바라보는 경향이 있다. 따라서 조상들에 대한 우리의 판단이 호의적인 경우는 거의 없다. 그들의 도덕적 가치와 정치적 결정은 원시적인 것은 아니더라도 세련되지 못하고 수준이 떨어지는 것으로 여긴다. 그러나 우리 조상들의 지적 능력이 부족한 것이 문제라기보다는, 오히려 그들과 그 시대를 제대로 이해하지 못한 우리가 문제이다.

역사를 역순으로 살펴보는 대신에 사건이 발생한 순서로 탐구한다면, 당시 사람들이 왜 그렇게 생각하고 행동했는지 이해할 수 있을 것이다. 빌둥이라는 개념이 언제, 어디서, 어떻게, 왜 생겨났고, 오늘날에 와서 어떤 영향을 미치는지를 가장 잘 이해하기 위해서 실제 빌둥 철학이 부상했을 때보다 조금 더 앞선 시대부터 지적인 여정을 시작해 보려 한다.

1) 1600년대 유럽

1600년대 초반은 반종교 개혁(Counter Reformation)과 30년 전쟁

(1618~1648)의 시대이다. 권력 구조를 놓고 가톨릭과 개신교가 싸운 시기이다.

그 당시 체코의 교육학자 코메니우스(Comenius, 1592~1670)는 아이들을 잘 가르치는 방법에 관한 원칙을 생각해 냈다. 그의 통찰 중 하나는 교육이란 아이가 이미 이해하고 있는 것 위에 쌓아 올리는 것이며, 그렇지 않으면 배우는 내용은 무의미하다는 것이었다. 스웨덴 국왕을 포함한 유럽의 많은 통치자들은 코메니우스를 교육 자문관으로 고용했고, 그는 유럽의 초기 학교 시스템을 만드는 데 큰 영향을 끼쳤다. 따라서 오늘날 코메니우스는 현대 교육의 선구자로 불린다.

봉건 시대 유럽에서는 모든 사람이 사회의 특정 신분으로 태어났다고 설명하는 것이 타당했다. 약간의 차이는 있지만, 유럽 전역에 걸쳐 봉건 제도는 성직자(clergy), 귀족(aristocracy), 평민(commoners) 세 개의 계급으로 구성되어 있고, 그 모든 사람 위에 존재하는 왕이나 백작(count), 또는 가톨릭 교황이 통치자였다. 성직자가 첫 번째 계급이자 가장 많은 특권을 누렸고, 두 번째는 귀족, 세 번째는 평민이었다. 어느 누구도 계급의 경계를 넘어 교류하거나 결혼하지 않았고, 자신이 태어난 계급을 넘어선 사회적 역할을 수행할 방법은 사실상 없었다. 물론 귀족이나 부르주아 계급의 아들이 신학을 공부해 성직자가 되는 예외적인 방법은 있었다. 그러나 나라마다 달랐지만, 평민들은 대부분 사실상 노예 생활을 했고 교육을 받지 못했다. 그리고 가톨릭 유럽에서는 귀족과 일부 부르주아 계급의 여성들이 수녀가 될 수 있었지만, 그 외의 여성들은 자신이 속한 계급 내에서 결혼했다.

특히 세 번째 계급인 평민의 상위층에 해당하는 부르주아, 그들의 상층부는 성벽으로 둘러싸인 도시 내에서 같은 계급의 다른 평민들은 누릴 수 없는 권리와 특권을 누렸다. 이 성공한 도시민들은 매우 부유하고 교육 수준이 높고 봉건 시대의 전통적인 의무와 특권의 구조에 맞지 않는 '중산층' 계급을 형성하였다. 그들은 장인과 상인으로서 제1차 산업 혁명과 1400년대부터 싹트기 시작한 자본주의의 혜택을 누렸다. 활자 인쇄술을 발명한 구텐베르크도 이 계층에 해당된다. 1700년경에 들어서면서 이 중산층은 근대 자본주의 경제의 토대를 마련했고, 일부 부르주아들은 상당한 경제력을 손에 쥐었지만, 정치적 권력은 여전히 통치자, 성직자, 귀족, 교황이 가지고 있었다.

2) 계몽주의, 경건주의 그리고 펍들(Pubs)

아이작 뉴턴(Isaac Newton, 1643~1727)이 활동하던 1600년대 후반은 과학과 기술이 획기적으로 발전하고 계몽주의가 부상하던 시대였다. 이러한 돌파구 중 하나는 1698년에 발명된 증기 기관이었는데, 이는 나중에 제2차 산업 혁명의 결정적인 계기가 되었다. 귀족과 부르주아 계급은 식민지, 플랜테이션, 노예 무역과 함께 새로운 생산 수단에 투자하였다. 부르주아 계급은 당연히 더 부유해졌을 뿐만 아니라, 하나의 정치 계급으로서 자의식도 강해졌다.

물질적 부가 확장됨에 따라 부르주아들의 지적 갈망은 커졌다. 1440년대 구텐베르크의 인쇄기가 르네상스와 종교 개혁을 촉발하였다면, 신문과 백과사전은 새로운 정보의 원천으로서 계몽 운동을 가속화시켰다. 유럽에서 백과사전을 중심으로 모이는 문화 살롱은 일반적으로 여성들에 의해 주최되었는데, 이는 매우 이례적인 공간이었다. 이곳에서 급진적 성향의 귀족과 부르주아 계급이 동등한 위치로 만났고, 이는 제2계급과 제3계급 간 존재하는 사회적 장벽의 근본적인 붕괴를 의미했다. 영국의 '퍼블릭 하우스' 또는 '펍'은 새로운 종류의 만남의 장소였다. 남자들은 신문을 읽고 중요한 이슈들을 토론하기 위해 그곳에 갔다. 당시 통치자들은 정치적 토론을 용납하지 않았기 때문에 사람들은 살롱과 펍에서 어떤 주제에 대해 논의하느냐에 대해 매우 조심스러웠다. 일반적으로 과학, 예술, 세계의 탐험(그리고 착취)과 무역(노예 무역 포함)은 안전한 주제였다.

이러한 계몽주의적 이성의 파도와 함께 1600년대 후반에는 영성(spirituality)과 마음에서 우러나오는 열정(passion)에 대한 갈망이 커지기 시작하였다. 개신교에서 이러한 갈망은 신자의 개인적 신앙(personal faith)과 종교적 형식으로부터의 회피(circumvention)에 초점을 둔 분파인 경건주의(Pietism)로 나타났다. 경건주의는 새로웠다. 경건주의 이전까지 기독교는 대부분의 유럽인들에게 물고기에게 물과 같은 당연하게 주어진 환경이었다. 경건주의는 깊은 내면의 개종(conversion)과 그리스도에 대한 열정을 요구했다. 그리스도는 사람이 내면의 존재를 형성하는 기준이 되는 이미지(bild)였다. 경건주의자들은 겉으로 드러나는 풍요의 표상들은 피하고 그 대신 검고 단순한 옷을 입고 신과의 연결, 자신들의 구원과 빌둥을 위해 살았다. 현대를 사는 우리의 눈에는 차갑고 어두운 삶으로 보이지만, 실상은 달랐다. 그들은 새로운 종류의 깊은 감성적인 삶을 살았다. 이러한 삶이 그들에게 얼마나 풍부하고 아름답게 느껴지는지는 요한 세바스티안 바흐(Johann Sebastian Bach, 1685~1750)가 음악으로 표현한 경건주의에 잘 드러난다. 심지어 그의 작품 중 일부는 '수난곡'으로 불리기도 한다.[10]

결국 1700년대에 들어서면서 유럽을 규정하는 세 가지 문화적 물결이 등장한다. 식민지화와 산업화를 동반하는 자본주의, 지적이며 이성적인 계몽주의, 심오하고 열정적이며 개신교적이며 기독교적인 마음의 영성, 경건주의이다.

3) 형성과 빌둥

세속적인 관점에서 내면의 발달에 초점을 맞춘 최초의 철학자는 제3대 섀프츠베리 백작(Shaftesbury, 1671~1713)이다. 그는 1700년경에 형성(formation)에 대해 집필하였고, 감정적이고 도덕적인 발달로 형성되는 세 가지 종류의 아름다움을 묘사하였다.

아름다움의 첫 번째 종류는 아름다운 것들이고 아름다운 사람들인데, 이런 사람들의 마음속에는 별다른 생각이 없다. 겉보기에는 좋지만 의미있는 사고와 행동이 없고 도덕적 나침판도 없다. 두 번째 종류의 아름다움은 아름다운 행위를 하는 사람들을 모방하는 자들이다. 세 번째 종류의 아름다움은 도덕적인 사람들로서 자신의 마음에서 우러나오는 아름다운 행위를 하고 다른 사람들은 이를 모방한다. 섀프츠베리가 이 세 종류의 사람들과 그들의 아름다움을 묘사한 방식은 케건의 2, 3, 4단계인 자기 통합, 자기 통치, 자기 주도와 매우 유사하다.

1700년대 유럽 대륙의 철학자들과 작가들은 섀프츠베리의 글을 읽고 토론했다. 데이비드 흄(David Hume, 1711~1776)도 그중 하나였다. 흄은 자신의 마음에 관해 직접 탐구했다. 생각하고 있을 때의 마음은 무엇이고 그렇지 않을 때의 마음은 무엇인가? 그의 철학은 생각이 마음을 통

---

10   역자 주: 수난곡은 영어로 'passion'으로 라틴어 어원 'passio'는 'suffering' 또는 'enduring'을 의미한다. 열정은 깊은 정서적 경험과 영적 집중을 의미하는 것으로 예수의 죽음과 수난을 뜻하는 용어로 사용된다.

과할 때 그 생각을 알아차린다는 불교의 전통에 가깝지만, 흄 이전에는 유럽에서 마음 자체의 과정에 대한 탐구가 없었다.

1760년 이전에 유럽에서는 '빌둥 운동'의 초기에 두드러져 보이는 프리드리히 고틀리프 클로프슈토크(Friedrich Gottlieb Klopstock, 1724~1803)와 크리스토프 마르틴 빌란트(Christoph Martin Wieland, 1733~1813)라는 두 명의 시인이 있다. 둘 다 신비주의자였고 영적인 갈증을 충족시키는 기독교 시를 썼다. 클로프슈토크는 특히 'Frühlingsfeyer(봄의 경축)'이라는 시를 썼는데, 이 시가 독일 부르주아 계급 사이에서 정치적 봄을 외치는 것으로 읽혔다. 특히 독일 사상가들은 정치적 사고와 거리가 먼 것으로 알려져 있기 때문에 시가 정치적으로 해석되었다는 점은 흥미롭다. 빌란트는 프랑스어 단어인 에듀케이션(Éducation)을 독일어 단어인 빌둥(Bildung)으로 번역한 최초의 인물이었으며, 이로 인해 빌둥이 신이나 그리스도의 이미지와 적접적으로 결부된 원래의 의미와는 달리 속세적 개념으로 사용되게 되었다.

요약하자면, 1700년에서 1760년 사이에 유럽에서는 마음속에 무엇이 일어나고 있는지 관심이 생기기 시작했으며 유럽의 사상가들은 신과 그리스도에서 벗어나 인간 내면의 작동에 초점을 두기 시작했다.

4) 루소, 에밀과 감정

1762년에 발간된 장자크 루소(Jean-Jacque Rousseau, 1712~1778)의 저서 『에밀(Émile, ou de l'éducation)』은 유럽 지식인들 사이에 패러다임 전환이 일어나는 계기가 되었다.

루소는 원래 스위스 출신으로 파리로 이주했다가 다시 스위스로 돌아왔지만, 결국 추방당하고 검열을 받는 처지가 되었다. 그 이후 도움을 주던 데이비드 흄과 끔찍한 갈등을 겪고 방황하는 등 매우 혼란스러운 삶을 살았다. 그는 하녀와 결혼하지 않고 다섯 명의 아이를 낳았는데, 스스로 아버지로서 적합하지 않다고 생각했기 때문에 아이들을 모두 고아원에 보내버렸다. 그럼에도 불구하고 아동 발달에 대한 루소의 저서는 이 분야에서 가장 영향력이 크다.

1762년 루소가 집필한 두 권의 서적은 그를 유럽에서 가장 중요한 사상가 중 한 명으로 만들었다. 첫 번째 책은 정치적 자유와 국민 자치의 필요성에 관한 『사회 계약론(Du Contrat Social / On the Social Contract)』이다. 이 책의 유명한 첫 구절은 다음과 같다.

인간은 자유롭게 태어났지만, 도처에서 사슬에 매여 있다.

1762년에 발간한 루소의 두 번째 출판물 『에밀』은 500쪽에 달하는 작품으로, 소년 에밀의 양육 과정과 나이에 따라 진화하는 에밀의 감정에 대해 썼다. 이 작품은 유럽인들에게 어린 시절, 인간의 감정, 그리고 인간의 존재에 대한 이해를 완전히 뒤집어엎는 코페르니쿠스적 전환의 계기가 되었다. 이 당시 계몽 운동은 유럽 문명의 정서적 측면을 고갈시켰기에 『에밀』은 가뭄에 단비처럼 메마른 땅을 적셨다. 많은 사람이 막연하게 느끼던 것을 구체적으로 묘사했기에, 철학자나 작가 또는 어떤 종류의 지식인이 되고 싶든 간에, 누구나 루소의 책을 읽지 않을 수 없었다.

루소의 글에서 공통으로 나타난 주제는 우리의 정서와 사회 규범 사이의 갈등이었다. 봉건 제도, 전반적인 억압, 왜곡된 기대, 종교는 사람들이 정서적으로 건강하고 도덕적으로 책임감 있는 개인으로 발전하여 충족된 삶을 살 수 있도록 허락하지 않았다.

빌둥의 관점에서 특히 흥미로운 점은 루소가 소년의 정신적, 정서적 발달을 묘사한 방식이 현대의 아동과 발달 심리학과 완전히 일치한다는 점이다. 1920년대의 피아제와 오늘날의 케건과 다른 학자들이 쓴 글들이 루소가 200년 전에 지금과는 전혀 다른 사회와 문화에서 발견한 사실과 완전히 일치한다. 루소가 제안한 교육이나 양육은 분명히 결점이 있다. 예를 들어, 소년 에밀은 또래 친구가 없고 단지 어른인 멘토만 있을 뿐이며, 그 외 다른 인간관계는 없다. 그러나 그 아이의 성숙과 마음에 대한 이해와 신체적 발달과 정신적 발달 사이의 상관관계는 여전히 일치한다. 루소가 제안한 급진적인 새로운 아이디어 중 대표적인 것은 교사의 욕심과 야망이 아니라 아이의 감정과 호기심이 학습을 이끌어야 한다는 점이었다. 이처럼 루소는 교수법과 교육을 완전히 뒤집어 놓았다.

여러 결점이 존재함에도 불구하고, 『에밀』은 서양 문명을 변화시킨 책이었고, 책 전체에 걸쳐 설명된 프랑스 단어 에듀케이션(education)은 분명히 우리가 보통 교육이라고 생각하는 것보다 훨씬 더 많은 것을 담고 있는데, 이는 곧 빌둥이다.

5) 독일 빌둥

새프츠베리, 루소 등을 읽고 도덕적, 정서적 발달의 단계와 자율성과 자유의 단계에 대해 쓰기 시작한 독일 철학자들은 꽤 많았다. 주요 인물로는 임마누엘 칸트(Immanuel Kant, 1724~1804), 고트홀트 에프라임 레싱(Gotthold Ephraim Lessing, 1729~1781), 모세스 멘델스존(Moses Mendelssohn, 1729~1786), 토마스 압트(Thomas Abbt, 1738~1766), 요한 고트프리트 헤르더(Johann Gottfried Herder, 1744~1803), 요한 볼프강 괴테(Johann Wolfgang Goethe, 1749~1832), 프리드리히 실러(Friedrich Schiller, 1759~1805), 요한 고

틀리프 피히테(Johann Gottlieb Fichte, 1762~1814), 빌헬름 폰 훔볼트(Wilhelm von Humboldt, 1767~1835), 게오르크 빌헬름 프리드리히 헤겔(Georg Wilhelm Friedrich Hegel, 1770~1831), 프리드리히 빌헬름 요제프 셸링(Friedrich Wilhelm Joseph Schelling, 1775~1854) 등이 있다. 그리고 스위스에는 요한 하인리히 페스탈로치(Johann Heinrich Pestalozzi, 1746~1827)가 있다.

여기서는 이들 모두에 대해 이야기하지 않고, 헤르더, 괴테, 실러에 초점을 맞출 것이다. 헤르더, 괴테, 실러는 단순한 저술가, 시인, 극작가, 사상가가 아니었다. 그들은 펜을 가지고 자유를 위해 싸우는 분노한 젊은이들이었다! 이들 뒤에는 자신의 정치적 어젠다로 유럽 역사의 흐름을 바꾼 브라운슈바이크볼펜뷔펠의 아나 아말리아(1739~1807)의 강력한 후원이 있었다. 이어서 칸트, 멘델스존, 페스탈로치에 대해서도 간략히 살펴볼 것이다.

6) 헤르더와 괴테

1762년 당시 17세의 헤르더는 쾨니히스베르크(Königsberg)에서 신학과 철학을 공부했다. 그의 교수는 38세의 칸트였는데, 그 당시 칸트는 아직 철학자로서 이름을 떨치지 못했다. 젊은 헤르더는 매우 총명했고, 3년 만에 학업을 마치고 20살 때 라트비아 리가의 중심가에 있는 성당에서 고등학교 교사 겸 목회자로 취직했다. 그는 독일의 시인 클롭슈토크 (Klopstock)과 철학자 토마스 압트의 열렬한 팬이었다. 리가에 있는 동안 집필한 많은 수필과 책 중에는 압트와 그의 철학에 관한 것이 있었다.

1769년에 헤르더는 리가에 싫증을 느끼고 더 넓은 세상을 구경하고 싶었다. 결국 1770년 여름 프랑스 스트라스부르에 가게 되었다. 그가 스트라스부르에 머물기로 결심한 이유에는 두 가지가 있었다. 그는 그곳에서 멀지 않은 곳에 있는 한 소녀와 사랑에 빠졌고, 그의 눈을 치료할 수 있는 매우 유명한 외과 의사인 롭스타인 박사가 스트라스부르에 있었기 때문이다. 수술은 학생들이 지켜보는 가운데 의과대학 수술 무대에서 이뤄졌다. 수술 후 헤르더는 자신을 도와줄 사람이 필요했는데, 어느 21살짜리 학생이 자원했다. 그 학생은 의대생이 아닌 헤르더의 책을 읽은 법대생이었다. 그는 자원봉사를 통해 헤르더를 만나 이야기를 나눌 기회를 얻었다.

그 법대생의 이름이 바로 괴테였다. 1770년 10월 2주 동안 헤르더와 괴테는 함께 어울리며 셰익스피어, 독일 민속, 오시안(게일족의 민속시 모음집), 섀프츠베리, 클롭슈토크, 루소, 빌란트, 레싱 등에 대해 이야기를 나누었다. 그들은 아마도 이 이상으로 많은 것에 대해 토론했을 것이다. 그들은 위계질서가 강한 봉건 사회에서 미래에 좌절한 젊은이들이었다.

헤르더와 괴테가 사회적 문제와 어쩌면 정치적 문제까지도 토론했을 것이라고 추측하는 이유는 1773년에 법학자이자 사회이론가인 유스투스 뫼저(Justus Möser, 1720~1794)와 함께 쓴 책이 나왔기 때문이다. 이 책은 『독일적 기질과 예술에 대하여(Von Deutscher Art und Kunst)』로서 슈투름 운트 드랑(Sturm und Drang) 선언이라고 불려왔다.[11] 이 책에서 그들은 감당하기 어려운 정서 경험(big emotion)을 논하고, 하나의 민족으로서 문화유산을 공유하는 것이 무엇을 의미하는지를 설명한다. 그리고 오시안과 셰익스피어의 시를 아이슬란드의 에다(Eddas)와 비교하며 켈트족과

---

11 역자 주: 슈투름 운트 드랑(질풍노도)은 18세기 후반에 독일에서 일어난 문학 운동으로 1765년부터 1785년까지의 약 20년 동안이 해당한다. 계몽주의에서 고전주의·낭만주의 시대에 걸쳐 과도기적인 역할을 한 문학·연극 운동이다.

바이킹족 신화의 열정을 탐구한다. 그리고 다음 문장으로 끝을 맺는다.

인류는 시나리오와 빌둥과 예의를 진전시킬 수밖에 없는 운명을 타고 나타났다.

이를 다른 말로 표현한다면, 시간이 지남에 따라 문화는 진화하며 인간도 도덕적, 정서적으로 발달한다는 것이다.

1773년에 헤르더, 괴테, 뫼저는 이 책을 통해 독일의 이상주의와 낭만주의의 기초를 닦고 있었다. 그러나 1774년에 헤르더와 괴테는 독자적인 저술가로서 자기 주도적인 삶을 위해 각각 자신의 길을 가기로 결정한다.

7) 헤르더: 빌둥과 민족의식

헤르더는 『인간의 발전에 관한 또 다른 역사철학(Auch eine Philosophie der Geschichte zur Bildung der Menschheit)』이라는 책에서 개인의 빌둥(personal bildung)을 자신이 속한 문명과 민족의 빌둥과 연결시킨다. 헤르더는 빌둥을 신이나 그리스도의 이미지보다는 세속적인 개념으로 사용하고 이를 통해 민족과 개인들에게 문화의 중요성을 새로운 방식으로 설명하고자 하였다. 그는 이 책을 통해 보편적 정신(common spirit), 즉 가이스트(Geist)와 국가와 민족을 연결하는 문화에 대해 탐구하고 문화의 성숙 과정을 역사적으로 살펴보았다. 오늘날의 기준으로 볼 때 정치적으로 옳지 않을 수 있지만, 헤르더는 고대 동양의 유목민 족장들의 문화를 초기 유년기의 빌둥에 비유하고 이집트 농업 문명을 유년기의 빌둥에 비유하였다. 그리고 장사꾼 페니키아인들은 어린 아이에 해당하고, 그리스인들은 10대로, 용감하고 고귀한 로마인들은 20대로, 가톨릭 신자들은 좀 더 성숙한 인간으로, 마지막으로 개신교인들은 어른으로 비유하였다. 참고로 헤르더는 개신교도다.

연령대별로 헤르더가 묘사한 빌둥, 성숙, 심리, 자아 발달은 매우 정교하고 피아제와 케건과 그 외 사람들이 오늘날 말하는 것과 일치한다. 그러나 과거 문명의 특징을 인간 발달의 연령대별 특성과 연결시키는 것은 문제의 소지가 있다. 헤르더는 사회의 규범과 이 규범에 대한 개인들의 대응 방식을 구별하지 않는다. 예를 들어, 유목 사회에 가족 구성원들이 족장에게 어린애처럼 복종해야 한다는 규범이 있다면, 족장의 어머니는 족장이 자기보다 더 지혜롭다고 생각한다는 뜻인가? 아니면 나이든 어른으로서 독립적이고 자기 변혁적 마음의 단계에 도달하여 아들인 족장보다 더 넓고 깊은 시선으로 세상을 본다는 것을 의미하는가? 성경의 아브라함은 할 일 없이 어슬렁거리며 다녔을까? 아니면 아브라함과 사라는 전혀 다른 기대가 요구되던 시대에 살았던 자기 통치적이거나 자기 주도적 어른이었을까?

그러나 헤르더 주장의 핵심은 어린 시절부터 성인기에 이르고, 선사 시대 유목민에서 독일 개신교인에 이르는 과정에서 빌둥이 발달되어 왔고, 여기에 덧붙여 더 큰 빌둥을 향한 글로벌 차원의 발달이 있어 왔다는 것이다. 이러한 점진적 발달의 원동력은 자연의 법칙이고 신의 왕국의 질서이자 아름다움의 규칙이며, 섀프츠베리로부터 영감을 받은 개념이다. 따라서 진보하고 있는 빌둥은 신의 계획에 따라 이루어지지만, 반드시 그리스도의 이미지로 구현될 필요는 없다는 것이다.

헤르더에 따르면, 우리는 진화해야 한다. 헤르더가 선사 시대 유목민들의 빌둥을 '어린 시절'의 수준이라고 간주했던 것은 그들이 부족해서가 아니라 역사적인 상황을 고려했을 때 가능한 수준이 그 정도였다는 것이다. 당시 개인이 집단의 빌둥을 넘어서 발달하는 것은 불가능했을 것이다. 따라서 헤르더는 어떤 문화든지 문화 자체가 개인의 발달을 제약하는 조건이면서 동시에 촉진하는 조건이라는 것을 암시하고 있다.

민족, 민족의식, 빌둥에 대한 헤르더의 고민은 오랜 시간 지속되었으며, 그의 사상은 오늘날의 국가에 대한 소속감과 민족주의의 결정적 요소이다. 즉, 하나의 민족으로서 우리는 문화를 통해 공유된 정체성 (shared identity)을 만들어 낸다. 당시엔 봉건 영토로 분열되는 대신에 공유된 문화를 통해 하나의 민족으로 연결됨을 느낀다는 것은 새로운 개념이었다. 특이한 사실은 유대인들이 2천 년 동안 널리 흩어져 살면서도 문화, 언어, 삶의 방식을 공유함으로써 하나의 민족으로서의 정체성을 유지해 왔다는 점이다. 그러나 그 당시 독일 철학자들은 외부자의 시선으로 유대인들을 하나의 민족으로 식별하고 있었지만, 그들의 내부에 존재하는 민족성의 개념은 겨우 발전하기 시작하는 단계에 불과했다.

초반에는 헤르더와 괴테와 같은 사람들과 독일을 포함한 유럽 사회의 최상류층만이 문화적 연결과 소속에 대한 느낌을 가지고 있었을 뿐 대부분의 사람들에게는 생소한 것이었다. 이러한 민족의식에 대한 느낌을 가지게 된 데에는 지리적 거리에도 불구하고 공유된 인식을 만들어 낸 신문의 출현이 적잖은 역할을 하였다. 그러나 신문을 읽고 문화를 하나의 현상으로 파악할 수 있음은 단순히 문화를 살아가는 것을 넘어서 문화를 객관적으로 바라보고 소유하고 있음을 이해하는 것을 의미한다. 이렇게 문화를 객관화시켜 보는 역량은 사회의 최상위 계층의 사람들에게나 가능한 것이었다. 고유하게 전해 내려오는 민속이 농민들 사이에 존재하고 있었지만, 자신들이 그러한 전승 지식과 삶의 양식을 가지고 있다는 사실을 자각하지 못했다. 그러나 삶의 양식은 민속 안에 내재되어 있고, 그리고 삶의 양식 안에 민속이 있었다. 압트는 애국심에 대해 썼고, 루소는 『에밀』에서 애국심을 암시했다. 그러나 헤르더의 책에서 보는 것과는 달리 압트나 루소의 글에서는 민족의식과 정서적 연결에 대한 감수성이 엿보이지 않는다.

그럼에도 불구하고 헤르더가 국가와 개인의 빌둥에 대한 책을 출간한 1774년 같은 해에 루소는 『폴란드 정부에 대한 고찰(considérations sur le gouvernement de Pologne)』이라는 에세이를 썼다. 이 에세이는 어떻게 하면 사람들 사이에 민족의식과 이에 상응하는 감정적인 연결고리를 만들 수 있는지에 관한 것이었다. 그는 이를 실행하기 위해 공유 감정을 불러일으키는 거대하고 엄숙한 스포츠 행사를 제안했다. 이로 인해 자유를 사랑했던 루소는 나중에 파시즘의 발명가라는 불명예를 얻게 되었다. 그러나 그가 발명한 것은 민족주의였고, 루소의 이 글은 뒤늦게 1782년 출판되었다.

헤르더에 따르면, 민족을 하나로 묶는 것은 가이스트, 즉 영혼이다. 헤르더가 설명한 방식에 따르면, 가이스트가 그 자체로 형이상학적인 본질인지, 아니면 사람들의 삶 속에서 형성된 문화와 이와 결부된 감정인지 알 수 없다. 1778년에 헤르더는 다양한 문화의 시를 탐구하고 다음과 같이 썼다.

> 시인은 나라(nation)를 창조하여 사람들에게 볼 수 있는 세상을 주고, 그들의 영혼을 자신의 손에 담아 그곳으로 인도한다.

따라서 집단 빌둥(collective bildung)은 시인들과 그들이 표현하는 집단 문화와 집단정신(collective spirit), 즉 가이스트를 표현하는 방식과 연결되어 있다.

8) 괴테 ― Mr.Youth의 반란

1771년 괴테는 변호사 시험에 합격하여 직업을 갖게 되었다. 그리고 사랑에 빠졌다. 그러나 그 젊은 여성은 다른 사람과 결혼하였고 괴테는 변호사로 일하는 것도 즐기지 못했다. 봉건적 질서에 갇힌 상태였으니 매우 불행할 수밖에 없었다.

작가가 되기를 원했던 괴테는 1773년 첫 번째 희곡인 『괴츠 폰 베를리힝겐(Götz von Berlichingen)』을 썼다. 고귀한 뜻을 가지고 사회의 관습과 싸우는 용병에 관한 작품이었다. 괴츠의 싸움은 헛되기에 괴테는 자유가 오직 미래에만 존재하는 것으로 끝을 맺는다. "이 세상은 감옥이다." 이 드라마는 당시 관객들의 아픔을 건드렸고, 이로 인해 괴테는 대중들의 주목을 받게 되었다.

다음해인 1774년, 괴테는 『젊은 베르테르의 슬픔(Die Leiden des jungen Werthers)』으로 큰 성공을 거두었고, 하룻밤 사이에 슈퍼스타가 되었다! 이 작품은 이루어질 수 없는 사랑으로 인한 상실감과 숨막히는 사회 규범에 대한 반자전적 서간체 소설로 젊은 베르테르의 자살로 끝을 맺는다.

이 소설은 한 세대의 젊은이들, 특히 젊은 남성들의 정서와 좌절감을 반영해 빠른 시간에 큰 인기를 끌게 되었다. 베르테르의 처지에 공감을 느낀 젊은 남성들 사이에 자살의 물결을 일으키게 되었고, 이로 인해 이 소설은 많은 지역에서 금지되었다.

베르테르는 규범을 내면화하는 사회화의 과정을 거쳐 자기 통치 단계에 도달할 것을 기대하는 사회에 갇혀 있는 것이다. 이는 어떠한 실수도 용납되지 않고 '단 한 번의 실패면 퇴출'이라는 규범에 기반한 폐쇄 공포적 자기 통치의 3단계이다. 괴테도 같은 3단계 사회에 갇혀 있었지만 목숨을 끊는 대신에 스스로의 저술 활동을 통해 자기 주도의 4단계에 진입했다. 그러나 이것은 충분하지 않았다. 괴테는 모든 사람들에게 자기 주도적으로 사는 것을 허용하고, 또 그렇게 살 것을 요구하는 사회를 원했다.

이러한 생각을 하고 있는 괴테에게 예기치 않게 자기의 손으로 그러한 변화를 실현해 볼 수 있는 기회가 주어졌다.

바이마르는 베를린에서 남서쪽으로 300km 떨어진 도시이다. 1700년대 후반에는 약 6,000명의 주민이 살고 있었던 작센 바이마르 아이제나흐 대공국의 수도였다. 바이마르의 동쪽으로 25km 떨어진 곳에는 대학타운 예나(Jena)가 있었다. 1760년대와 1770년대에 이 공국을 통치한 사람은 아나 아말리아였다. 그녀는 19세에 남편을 잃었다. 그녀의 남편 에른스트 아우구스트 2세 콘스탄틴은 20세에 사망하기 전에 아나 아밀리아에게 공국의 섭정을 물려주었고 두 아들이 법적 성년이 될 때까지 보호자로 지정하였다. 20대와 30대에 걸쳐 공국을 통치하는 동안, 그녀는 작곡가이며 동시에 예술의 후원자로서 예나와 바이마르를 문화와 학문의 거점으로 만들고 싶어 했다. 그녀는 시인 빌란트(Wieland)를 취학 연령이 된 두 아들의 교사로 고용하기도 하였다.

1775년 18세가 된 아들 카를 아우구스트 공작은 공국을 물려받아 아나 아말리아의 정치 프로젝트를 이어갔다. 그는 작가이자 법학자 괴테를 바이마르로 초청하여 3인으로 구성된 공작 내각의 한 자리인 게하임라트(Geheimrat, 추밀원)의 직위를 제안하였다. 괴테는 이 제안을 받아들였고, 26세의 나이로 1776년 6월 11일에 내각의 일원이 되었다.

이러한 정치적 지위는 제3계급에게는 상당한 성취였다. 괴테는 공국의 문화와 빌둥을 증진시키기 위해 32세의 헤르더를 교육 총책임자와 왕립 교회의 수석 설교자로 겸직 임명하였다.

9) 계몽이란 무엇인가?

한 문화에 생각과 표현에 대한 인식론적 관점이 크게 달라지고 있다 하더라도 사람들은 그 변화를 알아차리지 못할 수 있다. 느낀다 하더라도 그게 정확히 무엇인지를 꼬집어 낼 수 없다. 사후적으로 시간이 충분히 지난 후에야 무엇이 변했는지 알 수 있고, 그래서 전(前)과 후(後)에 중세 시대와 르네상스 시대와 같은 이름을 붙일 수 있다.

1780년이면 계몽 운동이 약 100년 동안 계속되어 오던 시점이다. 1783년 12월 잡지 《베를린 월보(Berlinische Monatsschrift, 1783~1796년까지 베를린에서 간행된 계몽잡지)》는 하단에 각주로 '계몽주의란 무엇인가?'라는 질문을 던져놓았다. 아마도 그 단어 자체나 또는 단어의 의미가 익숙하지 않았기 때문이었을 것이다.

이 질문에 대해 에세이를 쓴 두 사람이 있었다. 유대인 철학자 멘델스존과 칸트다. 멘델스존의 에세이는 1784년 9월호에 실렸으며, 그 내용을 소개하면 다음과 같다.

계몽, 문화, 빌둥이라는 단어들은 우리가 일상에서 쓰던 것들이 아니다. 지금까지 이 표현들은 책에만 나오는 언어였고, 일반 대중들은 그것들을 거의 이해하지 못한다. (중략) 빌둥, 문화, 계몽은 사회생활에 의해 만들어지는 변화이다. 사회적 여건을 향상시키기 위해 인간들이 근면하게 노력한 결과이다.

다른 말로 하자면 그 당시 독일인들에게 이러한 계몽, 문화, 빌둥의 개념은 여전히 불분명한 상태였다. 그럼에도 불구하고 독일인들은 이미 이러한 개념들을 가지고 있었다.

칸트가 에세이를 쓸 때 멘델스존의 답을 보지 못했다. '계몽주의란 무엇인가?'에 대한 칸트의 해석은 달랐다.

> 계몽은 사람들이 스스로 부과한 미성년(self-imposed minority)의 상태를 떠나는 것이다. 미성년은 다른 사람의 지도가 없이는 자신의 이성을 사용하지 못하는 무능력 상태이다. 스스로 부과한 미성년 상태의 원인은 이성이 부족해서가 아니라 타인에게 이끌려 가지 않고 자신의 이성을 사용하겠다는 결단과 용기가 부족해서이다. 따라서 계몽주의의 신조는 "감히 생각하라! 자신의 이성을 사용할 용기를 가져라!"이다.

여기서 칸트는 계몽주의를 하나의 문화적 시기로 간주하기보다는 자아 발달에 훨씬 더 가까운 것으로 제시한다. 현대 용어로 표현한다면, 칸트는 계몽을 3단계 자기 통치에서 4단계 자기 주도로 나아가는 전환을 의미한다.

10) 프리드리히 실러 — Mr. Punk

괴테처럼 실러도 아주 어린 나이에 하룻밤 사이 슈퍼스타가 되었다. 그가 21살이었던 1781년, 그의 희곡 『군도(Die Räuber)』가 베르크하임(Bergheim)에서 개봉하였다. 이 작품 또한 봉건 통치하에서 젊은이들의 한계에 부딪힌 삶의 실존적 조건에 관한 것이었다. 분노한 젊은이들의 무리가 사회를 등지고 숲으로 이주하여 노상강도가 되는 이야기를 담았다. 베르테르가 자살의 물결을 일으켰듯이 『군도』는 젊은이들이 숲에서 자유를 추구하는 물결을 일으켰다. 시인이자 극작가로 자리잡은 실러는 1787년 7월 예나로 이주하여 그곳의 사상가들과 교류하기 시작하였다.

이후 1789년 프랑스 혁명이 일어났고, 이는 유럽 전역에 충격을 주었다. 왕족, 교회, 귀족들 사이에서 이 소식은 공포로 받아들여졌고, 부르주아 계급들, 특히 젊은이들 사이에서 희망을 불러일으켰다. 마침내 혁명은 유럽의 군주제를 무너뜨렸다. 그러나 곧 유혈 사태에 대한 뉴스가 이어지면서, 혁명은 그 영광과 인기를 잃었다. 사실 엄청난 환멸로 변했다. 왜 프랑스는 폭군을 타도하고 난 후 그들 스스로 폭군이 될 수 있었을까? 어떻게 피바다가 되었을까?

특히 실러는 "인간이 어떻게 그런 짐승이 될 수 있었을까? 왜 이런 새로운 종류의 자유에 상응하는 책임을 이해하지 못했을까? 왜 자유를 감당할 수 없었을까? 권위주의적 통치와 그 구조가 사라지면서 스스로를 감당하지 못하게 된 인간의 내면에는 무엇이 있을까?" 등 질문을 가지며 크게 충격을 받았다.

1793~94년에 실러는 인간의 단점을 철학적으로 탐구하였고, 1795~96년에 그의 사상을 일련의 편지로 구성한 『인간의 미적 교육에 관한 편지(Über die ästhetische Erziehung des Menschen, in einer Reihe von Briefen)』를 펴냈다.

기본적으로 실러가 말하는 것은 세상에는 세 가지 종류의 인간이 있고, 이에 상응하는 인간 발전의 단계가 있으며 단계와 단계 사이에는 이에 상응하는 미적 교육 또는 양육, 또는 아름다움이 있다는 것이다.

• 첫 번째 종류의 인간: 야만적이고, 감정적이고, 육체적인 인간,

자연 상태의 인간. 실러가 묘사하는 것처럼, 이 종류의 인간은 케건의 2단계인 자기 통합에 해당한다.

양육 1: 차분하게 해 주는 아름다움으로 감정을 사회에 맞춘다.

• 두 번째 종류의 인간: 규칙과 유행에 지배되고 미개한 인간. 이성적이나 교양이 부족하고 책략에 능한 인간이다. 케건의 3단계인 자기 통치에 해당한다.

양육 2: 활력을 주는 아름다움으로 사람들을 깨우고 자신의 감정을 느끼게 한다.

• 세 번째 종류의 인간: 개성을 가진 교양 있는, 도덕적인 인간으로 케건의 4단계 자기 주도와 일치한다.

여기서 아름다움 또는 미학은 차분하게 해주는 진정제나 힘을 북돋우는 활력제 두 가지로 나타난다. 그러나 미학을 통한 이 두 가지 변화는 수동적인 과정이 아니다. 오히려 사람은 변화와 이로 인한 개인적 변환(transformation)을 수용할 적극적인 자세가 필요하다.

실러의 서간이 매우 흥미로운 것은 그 목적이 정치를 넘어선 것이라는 점이다. 이 편지들은 명시적으로 내면의 변화와 빌둥을 다루고 있다. 실러는 내면의 변화를 경험하고 빌둥을 내재화한 사람들만이 정치적 자유를 객체로서 다룰 수 있다고 보았다. 그뿐만 아니라 사람들이 정치적 영향력을 가지기 위해 가져야 할 자의식과 도덕적 책임을 탐구하였다. 또한 실러는 인간은 개인으로서는 물론이고 집단으로서도 진화해야 한다고 분명하게 말하였다. 그것이 정치적이든 아니든 자유를 향한 유일한 길이라는 것이다. 실러가 말하는 육체적/정서적 동기나 합리적인 동기에 의해 움직이는 개인은 자유롭지 않다. 도덕적이고, 자아 성찰적이고(reflective), 빌둥이 발달된 인물만이 스스로를 해방하고 무한히 발전할 수 있다고 보았다.

또 다른 흥미로운 점은 실러가 아름다움과 아름다움의 역할에 대해 강조하고 있다는 점이다. 미학은 우리 스스로가 날개를 퍼덕여 날기로 결정하지 않는 한, 누군가 우리 발밑의 양탄자를 반복적으로 잡아당기면 계속해서 넘어지는 것과 유사하게 작동한다. 따라서 양탄자가 당겨지기 전에 우리는 더 높이 날아갈 수 있는 곳이 있다는 것을 인지할 필요가 있다. 그리고 만약 자신만을 위한 삶을 넘어선 삶을 지향하려면, 기꺼이 인간다움을 위한 도덕적 판단을 내려야 한다. 아래는 23번째 편지의 일부 내용이다.

따라서 문화의 가장 중요한 역할 중 하나는 인간을 순전히 육체적 단계에 있는 어린 유아기부터 예속시키는 것이다. 이로써 그 사람은 미의 영역이 허용하는 범위 내에서 스스로 자아를 형성하고 미학적으로 성장하게 된다. 인간은 육체적인 상태에서가 아니라 미적인 상태에서만 도덕적으로 발달할 수 있기 때문이다. 인간이 각각의 개별적인 상황에서 인류를 위해 판단할 수 있는 능력과 의지력을 가지려면 한계에 부딪힌 실존에서 탈피해 무한한 가능성의 실존으로 나아가야 할 것이다. 어떠한 종속적인 조건이든지 간에 그곳에서 벗어나 독립과 자유의 상태로 전환해야 하고 어떠한 순간에도 본능에 충실한 한 개인으로만 머무르면 안 될 것이다. 어떤 사람이 본능적 목적의 굴레에서 벗어나 이성적 목적의 단계로 자신을 끌어올릴 수 있다면, 그는 전자의 굴레에 맴도는 단계에서 후자의 단계를 향해 스스로의 내면을 이미 훈련시킨 것이다. 그리고 미의 법칙에 어울리는 자유와 영혼을 가지고 본인의 육체적 기질을 이끌고 갔음을 의미한다.

실러가 말하는 위 내용을 정치 철학으로 해석하자면, 케건의 자아 개발 2단계와 3단계, 즉 자기 통합과 자기 통치 단계에 있는 사람들은 자신의 감정이나 타인의 스타일에 의해 작동되며 자신의 독립적인 의견을 형성할 수 없으므로 정치적 책임을 질 수 없다는 것이다. 이는 콜버그의 2단계와 3단계인 "이것이 나에게 도움이 되는가?"와 "그들이 나를 좋아하고 믿을 것인가?"와 일치한다. 도덕적 추론이 자신에게만 이득이 되거나 타인의 호감을 받는지 여부에만 관심을 갖는 사람들은 정치적 자유와 책임에 요구되는 성숙함을 가지고 있지 않다. 정치적 자유를 피바다로 만들지 않는 도덕적 습성을 지닌 유일한 사람들은 자기 주도와 자기 변혁, 즉 케건의 4, 5단계 또는 콜버그의 4, 5, 6단계에 있는 사람들이다. 케건의 2단계와 3단계 사이에 전환의 2.5단계가 있으며, 실러에 따르면 미학은 사회의 규범과 기준에 맞게 우리의 정서를 정렬할 수 있다. 예술, 음악, 문학 등을 통해 아름다움은 우리를 차분하게 해주고 책임감 있는 팀 플레이어가 되게 한다. 케건의 자기 통치 3단계와 자기 주도 4단계 사이에는 3.5단계가 있다. 실러에 따르면, 이 단계에서의 아름다움은 우리를 일깨워 변화시키고 더욱 도덕적으로 자기 주도적인 사람으로 만든다. 이렇게 도덕적 책임 의식이 있는 사람들은 도덕적 나침반을 개발할 수 있을 것이다. 위 인용문의 마지막 문장에서 실러는 한 개인이 이렇게 할 수 있으려면 이미 준비가 되어 있어야 한다고 말한다. 그리고 준비됨은 이와 어울리는 올바른 교육과 문화의 내재화가 없이는 상상하기조차 어렵다.

역사적 관점에서 흥미로운 것은, 실러의 서간은 실러와 당시 덴마크 재무장관인 에른스트 시멜만(Ernst Schimmelmann), 그리고 덴마크 섭정 왕실의 누이와 덴마크의 최고 귀족들이 포함된 그의 친구들 사이의 서신이었다는 점이다. 이 사실은 편지에 담긴 생각들이 그들 사이에 공유되고 있었다는 것을 의미한다. 실러의 제안은 한편으로는 교육받지 못한 대중과 정치적 권력을 공유하는 것이 정말 나쁜 생각이라는 것을 확인시켜 주었지만, 다른 한편으로는 좋은 교육의 중요성에 대한 열린 마음을 갖게 해주었다. 잠시 후에 다시 이 이야기로 돌아올 것이다.

11) 페스탈로치 — Mr. Social Justice

페스탈로치는 취리히에서 가난하게 자랐다. 1763년 17세의 나이에 사회를 바꾸고 가난한 사람들의 환경을 개선하고자 법학을 공부하기 시작했다. 대학에서 그는 새로운 계몽주의 사상들, 특히 루소의 정치적이고 교육적인 사상들을 접하게 되었다. 참고로 루소의 『에밀』은 1762년에 출간되었다.

페스탈로치는 법학 공부를 끝내지 못했지만, 농업과 교육의 개선을 통하여 세상을 바꾸기로 결심했다. 그는 농장을 운영하는 방법을 배우기 위해 농부와 함께 살았다. 그는 1769년 23세의 나이에 30세의 안나 슐테스(Anna Schulthess)와 결혼했다. 이후 농장을 샀고, 최신 농업과학에 기초하여 농장을 운영하기를 원했다. 그들의 계획은 가난한 집의 아이들을 데리고 와서 생업을 가르치는 것이었다. 아이들은 농장에서 일을 도우면서 일을 배워 생계를 유지할 수 있도록 돕는 것이었다. 1770년에 페스탈로치 부부는 아들을 낳았다. 그들은 루소의 이름을 따서 아들을 장자크

(Jean-Jacques)라 불렀고, 『에밀』에 처방된 원칙에 따라 키우기로 결정했다.

그러나 실패의 연속이었다. 이웃 농부들은 페스탈로치의 새로운 농사법을 이해하지 못했고, 자신들의 가축을 페스탈로치의 목장에서 방목시켜 버렸다. 부부가 제공한 숙식이 딸린 무상교육은 아이들이 돈을 벌 수 있게 될 즈음에 아이들을 집으로 데려가는 식으로 일부 부모들이 악용하였다. 페스탈로치 부부는 여러 차례 파산에 직면했을 뿐만 아니라 루소가 처방한 방식대로 어린 장자크 페스탈로치를 키우는 것 또한 실패하였다.

결국, 페스탈로치는 아이의 빌둥에는 어느 정도의 복종이 있어야 한다는 것을 깨달았다. 아마 그의 부인도 이에 대해 할 말이 많았을 것이라 짐작한다. 그렇지 않으면 아이는 제멋대로 버릇이 없어지고, 이는 아이에게도 도움이 안된다는 점이다. 페스탈로치는 또한 많은 아이들을 집으로 데려와 교육시키면서 여러 가지를 배웠다. 수년간에 걸쳐 페스탈로치는 나름대로의 교육 철학을 발전시켰다. 이는 그가 표현한 대로 머리와 심장과 손(Kopf, Herz und Hand) 교육의 결합이다. 즉, 빌둥은 도덕적 판단, 마음을 위한 교육, 실용적인 기술을 포함해야 하여, 이로써 사람은 전인격적으로 발달한다.

페스탈로치는 많은 실용적인 과제에 몰두하면서, 동시에 사회의 도덕적 가치와 경제가 어떻게 작동하는지에 대한 큰 그림을 구상하였다. 1781년에 그는 정치, 경제, 도덕의 연관성에 관한 소설인 『린하르트와 게르트루트』의 첫 파트를 썼고, 나머지 세 파트는 각각 1783년, 1785년, 1787년에 출판되었다. 이 이야기는 부패와 불행으로 시달리는 작은 마을을 배경으로 하고 있으며, 공동체의 도덕적 회복을 탐구하였다. 이 소설은 스위스 밖에서도 베스트셀러가 되었고, 페스탈로치는 곧 그가 대중적인 형태로 글을 쓰면 뭔가 의미있는 일을 할 수 있다는 것을 알게 되었다.

페스탈로치는 코메니우스와 루소와 함께 현대 교육학과 아동 교육의 아버지로 여겨지고 있으며, 이 명성은 그의 많은 책들에 기인한 바가 크다. 1797년까지 페스탈로치는 아동 발달 너머를 생각하고 있었고, 『인류의 발전에 있어서 자연의 길에 관한 나의 탐구(Meine Nachforschungen über den Gang der Natur in der Entwicklung des Menschengeschlechts)』를 출판했다. 이 책에서 페스탈로치는 전적으로 성인의 발달에 초점을 맞추고 있다. 그는 성인 성숙을 동물적인 상태, 사회적 상태, 도덕적 상태라는 세 가지 단계로 묘사하였고, 그중에서 사회적 상태를 시민 빌둥(Bürgerliche Bildung)이라 불렀다. 이 단계들은 실러의 감정적, 이성적, 도덕적 상태, 그리고 케건의 단계 2, 3, 4와 매우 겹친다. 페스탈로치는 다음과 같이 요약한다.

- 나의 본능으로 보면, 나는 육체적인 힘이자 동물이다.
- 나의 가족으로 보면, 나는 사회적 힘이자 스킬이다.
- 나의 자신으로 보면, 나는 도덕적 힘이자 덕(virtue)이다.

루소와 달리 페스탈로치는 예속(subjugation)과 통제(control)를 강조하였다. 인간은 동물적 자아를 예속시킴으로써 발달한다고 보았다. 페스탈로치는 자기 통합의 동물적 상태에서 자기 통치의 사회적 상태로 변환하는 과정을 더 큰 혜택과 편안함을 즐기고 법치를 위해 자유의 일부를 포기하는 과정으로 보았다. 그리고 사회적 상태(자기 통치)에서 도덕적 상태(자기 주도)에 이르는 변환은 자유 의지에 따른 행위로 간주하였다.

나는 동물로, 시민으로, 혹은 도덕적인 인간으로 살 수 있다. 나는 동물적인 타락의 길을 여행할 수도 있다. 나는 사회의 법에 정의된 대로 시민으로서의 독립성에 한계가 있다는 것을 확인할 수 있다. 그리고 마지막으로 나는 내 동물적 본성으로 인한 모든 오류와 모든 잘못된 행동을 인정함으로써 스스로의 품격을 높일 수 있다.

페스탈로치는 인간은 도덕적인 상태에서는 자신을 수련하고 주변에 좋은 도움이 되는 것을 목표로 하게 된다고 말한다.

12) 이상주의, 낭만주의, 민족주의

1780년대와 1790년대 아나 아말리아 덕분에 상대적으로 많은 자유가 주어진 예나는 독일 사상의 중심지였다. 다가오는 근대 세상의 세 가지 주요 단면인 낭만주의, 이상주의, 민족주의가 예나에서 나타났다.

낭만주의는 1773년과 1774년에 헤르더와 괴테에 의해 시작된 슈투름 운트 드랑에 뿌리를 두고 있다. 이는 계몽주의의 합리성에 대한 반대명제로서 민속, 감정, 영성에 중점을 두고 우리가 자연의 웅장함과 고요함과 아름다움과 연결하는 방법을 중시한다. 문화가 사람들의 관심을 끌게 되었듯이, 자연도 관심의 대상으로 여겨지게 되었다.

이상주의는 1780년대에 칸트가 흄으로부터 영감을 받아 세상에 대한 우리의 인식을 어떻게 공동 창조하는지를 탐구하면서 등장하였다. 밖에는 현실 세계가 있고 우리 마음속에 이상적인(ideal) 세계가 있다는 개념으로, 이상적인 세계는 완벽한 세상을 의미하는 것이 아니라 우리의 마음이 창조한 내면의 세계를 의미한다. 즉, 이상(ideal)은 관념(idea)인 것이다. 칸트에 따르면, 우리는 세계에 대한 표상 즉 마음속에 존재하는 관념 또는 이상에만 접근이 가능하고, 바깥의 현실 세계에는 접근할 수 없다. 우리의 정신적 구성 개념(construct)은 전과 후를 구분하는 능력과 같은 정신적인 선험적 조직화 능력과 실제 세계에서 얻는 입력 정보의 조합으로 구성된다. 따라서 우리가 마주칠 수 있는 모든 것은 선험적 조직화와 입력 정보로 이루어진 정신적 구성뿐이다.

세계에 대한 우리의 정신 모형은 우리가 세상과 상호 작용하고 세상을 수정하도록 해주는 것이기 때문에 현실 세계와 우리의 상호 작용은 입력, 정신적 구성 개념(이상), 행동으로 이어지는 고리들의 반복이다. 따라서 이상주의에 의하면, 유기적으로 연결된 물질과 정신, 자연과 인간, 인류, 개인 등은 서로 연결되어 있고 새로이 부상하는 특질을 가진 서로 연결된 전체 시스템을 구성한다. 그래서 현실 세계에는 정신이 있다.

그러나 까다로운 것은 독일어로 정신이라는 뜻을 가진 단어, '가이스트'이다. 독일어에서는 이 단어는 정신뿐만 아니라 마음으로도 쓰이기 때문에 종종 가이스트를 어떻게 번역할지 고민하게 된다. 오늘날 독일어에서는 신학, 철학, 심리학, 역사, 언어학, 사회학 등의 여러 학문 분야가 '정신과학(Geisteswissenschaften)'이라는 이름으로 통한다. 그러므로 독일 관념론자들이 가이스트에 대해 말했을 때, 그들이 '자의식(consciousness)을 가진 초자연적인 마음'을 뜻했는지, 아니면 '우호적인 분위기에서 회의를 했다'에서와 같이 별다른 의미가 추가되지 않은 단순한 상징성을 뜻했는지를 파악해야 한다.

철학적인 의미에서의 이상주의(Idealism)는 마음과 물질이 동일한 과정에서 상호 작용하고 있으며 아이디어들이 우리의 행동을 통해 세상을 변화시키고 있다는 것을 의미한다. 이렇게 보면, 우리가 일상에서 사용하는 이상주의(idealism)라는 단어가 의미하는 것과 크게 다를 바 없다. 즉, 우리는 세상에 대한 이상적 생각이나 목표를 가지고 있고, 현실을 이에 어울리는 세상으로 바꾸기를 원한다는 것이다.

예나에서 발전된 민족주의는 헤르더와 낭만주의에서 영감을 받았고 한 민족이나 국가를 정신에 의해 연결된 인간들로 이해한다. 이러한 정신은 언어, 도덕적 가치, 의식, 습관, 역사 등을 공유하는 것과 같은 평범한 것일 수도 있고, 아니면 그 민족을 통해 흐르는 초자연적인 '본질'일 수도 있다. 따라서 민족은 국가를 이루는 시민들의 집합과 다르다. 민족의식은 연결하는 문화적 또는 '정신적' 접착제를 가지고 있다. 공유하는 유산과 민속을 통한 낭만주의적 연결로부터 형성되기 시작한 민족주의는 종종 낭만주의적인 민족주의라고 불리기도 한다.

당시의 낭만주의, 이상주의, 낭만주의적 민족주의가 사실 인간의 의식을 초월한 형이상학적 의식을 수반하는 종교적 개념인지, 아니면 민족의식의 진화와 자연을 향한 경외감에 대한 철학적 탐구에 불과한지 파악하기 어렵다. 이러한 낭만주의, 이상주의, 낭만주의적 민족주의의 개념들은 처음부터 더 높은 수준의 자유를 갈망하는 빌둥에 대한 생각들과 밀접하게 얽혀 있었다. 여기서 말하는 자유는 문명사회를 의미하든 아니면 개인적 해방을 지칭하든 간에, 이는 정치적 자유라기보다는 자신만의 감정, 노예근성, 야망, 특이성 등을 완벽히 통제하는 것을 의미한다. 정치적 자유에 대한 갈망은 예나 안팎에서 이러한 생각을 하는 모든 젊은이의 글의 밑바탕에 깔려 있으며 아름다움은 그 모든 것을 관통하는 주제이기도 하였다.

비교: 발달 심리학 대 빌둥

위에서 보았듯이, 약 200년 전에 철학자들과 시인들이 정의했던 빌둥과 현대의 발달 심리학 사이에는 분명히 유사점들이 있다. 하지만 여러 차이점도 있다.

빌둥이라는 개념은 우리를 둘러싸고 있는 문화와 교육뿐만 아니라 어떻게 우리가 미학과 우리 안의 '영혼'에 깊숙이 뿌리를 내리게 된 것인지와 밀접하게 연결되어 있다. 빌둥은 우리가 상징적 세계에 통합되고 자신을 해방시키는 것을 의미한다. 그 결과 자신이 어떻게 행동하고, 공유하는 언어라는 상징을 이용하여 자신을 어떻게 표현하고, 문화에 어떻게 기여할 것인지를 자유롭게 선택할 수 있게 된다. 우리가 상징을 가지고 있는 것이지 우리가 상징에 예속되어 있는 것이 아니다. 빌둥은 당신의 뿌리를 알고 뿌리에 정서적으로 연결되어 있는 동시에 그 뿌리로부터 거리를 두는 능력을 가지고 있는 것이다. 빌둥은 당신의 사고와 표현 방식에 담긴 문화적 패브릭(cultural fabric)이 비옥함을 말한다. 빌둥은 과정이면서 동시에 그 과정의 결과이기도 하다. 빌둥은 미학, 사회, 문화와의 투쟁이며, 특히 루소와 페스탈로치 덕분에, 교육학과 성인교육학(andragogy)에 밀접하게 연결되어 있음을 이해하게 되었다.

빌둥 철학자들은 그저 철학자들일 뿐이었다. 그들은 오늘날 우리가 가지고 있는 인간의 정신에 대한 학문적 지식에 접근할 수 없었다. 그들은 인간의 의미 구성, 행동, 감정, 인지 능력, 자아 감각, 자아 등에 대한 과학적 접근은 물론이고, 이러한 인간의 정신과 연관된 속성들이 인간의 성숙에 따라 어떻게 발달하는지에 대한 과학적인 접근 방법도 없었다. 그러나 그들은 현대 과학자들이 '일화적(anecdotal) 증거'라고 부르는 사례들만 가지고 훌륭한 생각을 해냈다.

발달 심리학은 인간과 인간의 행동, 그리고 그 행동의 해석에 대한 학문적이고 체계적인 연구로부터 부상하게 된 학문 분야이다. 심리학 분야의 한 분야로서, 모든 현대의 과학 분야에서 그렇듯이, 동료 연구자들의 평가를 받아 개선하는 과정을 통해 학문적 발견을 정제하였다.

발달 심리학은 분석적 도구이자 비어 있는 틀(structure)이다. 정서적, 도덕적, 지적 발달과 자아에 대한 감각의 발달에 대해 설명할 수 있지만, 심리학자의 개인 임상치료나 코칭과는 달리 발달 심리학 자체는 개인의 발달을 약속하지는 않는다. 발달 심리학의 한 학파인 나선형 역학(Spiral Dynamics)은 문화적, 사회적, 역사적, 정치적 발전과 관련이 있지만, 이 또한 단지 분석 도구일 뿐이다. 나선형 역학은 개인 발달을 위한 문화를 제공하거나 나선형 역학의 전문가들이 사용할 수 있는 문화를 제공하지 않는다. 나선형 역학은 미학, 교육학, 성인 교육학을 제공하지 않는다.

일반적으로 심리학은 미학, 아름다움, 예술, 종교, 의식(ritual), 전승 지식, 문학, 시, 우리의 감정을 자극하는 공유된 상징의 세계 등에는 관심이 없다. 우리를 영적으로 연결해주고, 구술 언어로 묘사하기 어려운 것들을 표현하고 다른 사람들과 의미 구성을 같이 할 수 있게 해주는 문화적 패브릭은 심리학의 영역에 해당하지 않는다. 한 가지 예외는 독일계 유대인 철학자인 심리학자 에리히 프롬(Erich Fromm, 1900~1980)이었다. 1941년에 저서 『자유로부터의 도피 (Escape from Freedom)』에서 프롬은 우리가 절망하지 않기 위해서는 공유하는 상징 세계가 필요함을 강조하였다. 그는 '도덕적 고독'이라는 용어를 만들었다. 가치와 의미 구성과 상징을 공유하지 못하면, 많은 사람으로 둘러싸여 있어도 누구든지 완전히 외톨이가 될 수 있다는 것이다. 그러나 사막 섬에 홀로 갇혀 있을지라도 그 가치, 의미, 상징이 손상되지 않았고, 여전히 다른 사람들에 의해 사용되고 있다는 것을 알고 있다면, 고독을 느끼지 않을 것이라고 주장한다. 우리들의 내면세계에 공통분모가 있다는 확신은 삶을 의미 있게 만든다.

건축을 통해 설명한다면, 발달 심리학은 당신이 몇 층 건물인지, 그리고 그 건물이 멋진 성인지 아니면 낡아빠진 아파트인지를 알려줄 수 있다. 그리고 방들에 가구가 비치되어 있는지 여부와 각 층들이 어떻게 연결되어 있는지 보여준다. 빌둥은 발달 심리학이 보여주는 것에 추가해서 가구와 장식을 보강하고 방과 층을 추가하는 것도 가능하게 한다. 더 나아가 빌둥은 건축 양식, 벽지 색깔, 가구 색상, 골동품 배치 여부를 선택하게 해주고 여행에서 가져온 기념품으로 꾸밀 수 있도록 해 준다. 빌둥은 모든 방을 개성과 취향에 맞게 꾸밀 수 있게 해 준다. 그리고 필요한 경우엔 평소에 사용하지 않아 지하실 창고에 보관하던 물품들을 가지고 올 수도 있다.

당신은 빌둥을 통해 위에서 설명한 이미지를 이해할 것이다. 그리고 이 이미지는 특정인의 실제 생활과 경제적 환경과는 전혀 상관이 없고 단지 그 사람의 마인드의 복잡성을 보여주는 예시일 뿐이라는 것 또한 이해할 것이다.

빌둥 철학과 발달 심리학이 공유하는 것은 우리 내면세계의 발달, 즉 우리의 마음, 감정, 의식, 도덕적 추론의 복잡성에 대한 탐구이다. 성숙함에 따라, 우리는 존재의 한 방식을 초월하고 또 다른 방식을 발전시킨다. 더 복잡한 존재의 방식에서 자신의 과거 모습을 바라보면서 외부 관점으로 그 방식을 볼 수 있다. 청소년들은 10살 때의 자신을 돌아보면서 그 당시 세상과 자신에 대한 이해가 얼마나 제한적이었는지를 볼 수 있다. 35살에는 10대의 자아에 대해 알고 있다. 그러나 아직 젊은 자아의 관점에서는 아직 존재하지 않는 나이든 미래의 자아를 파악할 수 없다.

빌둥 철학과 발달 심리학이 공유하는 또 하나는 우리가 새로운 위기에 직면하여 자신의 가정을 수정해야 하는 푸시백 과정을 통해 성장함을 이해한다는 점이다. 가끔 방의 도배를 다시 하고 가구를 다시 설치해야 하는 것처럼 말이다. 때로는 단순히 새는 수도관을 교체하는 것일 수 있고, 경우에 따라서는 건물에 있는 모든 파이프를 뜯어내고 교체해야 할 수도 있다. 빌둥 철학과 발달 심리학에 따르면, 우리는 새로운 기대와 요구에 부응하기 위해 계속 노력함으로써 성장한다.

1) 빌둥 여정

빌둥 철학자들, 특히 괴테는 다른 문화(국가)에서 여행하고 살아보는 것이 개인 빌둥을 진화시키고 확장하는 데 매우 효과적이라는 것을 재빠르게 이해했다. 다른 문화에서 살기 위해 적응해 나가는 과정에서 세상에 대한 관점은 달라진다. 여행 중이 아니더라도, 집으로 돌아온 후에 달라진 것을 느끼면서 새로운 렌즈를 통해 자신의 문화를 보게 된다. 당신의 인식론은 이제 바뀐 것이다. 당신은 한 개가 아니라 두 개의 눈을 가지고 있는 것처럼, 두 개의 인식론적 시각으로 두 문화를 이해하고 더 깊게 볼 수 있게 되었다.

만약 여행을 갈 수 없다면, 집에서 여러 다른 문화의 언어, 문학, 예술을 탐구하는 여정을 떠날 수 있을 것이다. 1790년대의 빌둥 철학자들은 이 방식을 택하였다. 그들은 집에서 문화, 시, 문학, 예술, 아름다움, 미학, 교육, 종교에 대해 탐구하고 자연의 아름다움과 생명력을 직접 느낌으로써 정서적, 도덕적, 인지적 발달을 추구하는 빌둥 여정을 다녔다.

빌둥을 갖춘다는 것은 문화를 소유하고, 그 문화에 도전하는 것, 그

리고 한 가지 이상의 문화와 인식론을 경험하는 것을 의미한다. 빌둥은
더 나아가 문화적 푸시백을 강하게 경험하는 것, 자신의 첫 번째 문화를
초월하여 객관적으로 인지하는 것, 그리고 자신의 문화를 포함하여 여러
문화를 통하여 자신과 자신의 문화를 포용하고 초월하는 것을 의미한다.

그러나 발달 심리학은 이러한 복합적인 발달의 여정을 탐구하지
않는다.

빌둥과 자아 발달의 층

발달을 연속적인 단계로 보는 것은 많은 장점이 있지만, 동시에 너
무 단순해질 위험이 따른다. 인간의 발달을 너무 일차원적으로 이해하
게 한다. 따라서 인간의 발달을 개인의 독특한 기질에 층을 하나씩 겹
겹이 쌓아올리는 것으로 보고자 한다. 인간의 마음, 즉 우리의 개별적인
기질은 핵심을 가지고 있는데, 그 핵심을 중심으로 우리는 삶을 접하면
서 새로운 층을 쌓아간다. 그리고 이 발달 과정은 여러 방향으로 진행된
다. 우리는 얕든 깊든 간에 문화적, 정서적 뿌리를 가지고 있으며 고상
하든 아니든 간에 나름의 포부와 계획을 가지고 있다. 그리고 우리는 많
은 분야에서 지식과 경험을 더할 수 있고 모든 방향으로 우리의 시야를
넓힐 수 있다. 따라서 우리는 개인적 기질을 중심으로 정신적, 정서적
복잡성이 추가된 동심원 형태의 공간을 상상해 볼 수 있다.

이렇게 〈그림 1〉과 같이 우리의 빌둥과 정서적 발달을 구(sphere)의
모습으로 표현한다면, 수평면은 지식을 나타내고 수직축은 정서적 깊
이와 도덕적 열망의 높이를 상징한다. 이 틀을 이용하여 우리는 원만한

더 높은 포부

더 넓은 시야

더 포괄적인 관점

1. 자기발견(self-discovering)
2. 자기 통합(self-consolidating)
3. 자기 통치(self-governing)
4. 자기 주도(self-authoring)
5. 자기 변혁(self-transforming)

더 깊은/강한 뿌리

〈그림 1〉 인간 발달의 구(Developmental Spheres)   출처: The Nordic Secret

(rounded) 성격, 핵심 자아, 내면의 복잡성, 성격의 깊이에 대해 이야기할 수 있다. 우리는 단지 뒤를 돌아보는 것이 아니라 우리 자신의 안을 들여다보고, 더 많은 지식, 인생 경험, 내외면의 심리적 푸시백 등이 쌓이면서 내면은 더 복잡해지는 동시에 넓어지는 것을 느낀다.

　우리는 자기 나이에 어울리는 수준으로 자신의 문화를 이해하고 도덕적 정서적으로 원만하게 발달한 11살짜리 아이에 대해서 이야기할 수 있다. 마찬가지로 우리는 원만하거나 또는 그러지 못한 35세나 55세에 대해서도 이야기할 수도 있다. '원만하다는 것'이 의미하는 바는 나이에 따라 다르며, 단순한 감정 구조의 문제가 아니라 지식과 문화에 대한 내재성(embeddedness)의 문제이다.

포크빌 등과 노르딕 국가들

: 덴마크의 봄

200년 전만 하더라도 덴마크를 비롯한 모든 노르딕 국가들은 유럽에서 가장 가난했다. 그러나 산업화의 물결이 사회 구조를 뒤흔들어 놓기 시작할 즈음에, 덴마크 왕세자는 지혜롭게도 공립 학교를 설립한다. 그리고 한 세대 후에는 목회자 겸 교사가 빌둥을 포크빌둥으로 대중화하는 방법을 깨닫게 된다. 그리고 프로이센과의 국경 분쟁은 덴마크를 비롯하여 나머지 노르딕 국가들을 크게 변화시키게 된다.

셰프츠베리는 영국 귀족이었고 흄 또한 비록 가문이 재산은 잃었지만 엄밀히 말해 귀족 출신이었다. 그리고 루소를 비롯한 독일의 빌둥 철학자들과 스위스의 페스탈로치는 모두 도시민(burghers)의 권리와 특권을 가진 제3계층 출신이었다. 그러나 물론 농민이나 농노들보다는 나았지만 도시민의 신분으로 사는 것은 여전히 좌절스럽고 때로는 위험하기도 하였다. 왕과 공작은 자신들을 모욕하는 것을 포함한 경미한 범죄들에 대해 재판 없이 사람들을 투옥하고 고문할 수 있었기 때문이다.

빌둥 철학자들 중에서 페스탈로치만 농민이든 도시 거주자이든 간에 가난한 사람들의 어려운 삶에 대해 명시적으로 문제를 제기하였다. 다른 철학자들은 나머지 제3계층민들에 대해 전혀 관심이 없었고, 농민을 자연으로부터 주어진 천연자원 혹은 그림 같은 낭만적인 풍경의 일부로 여겼거나 도시 빈민의 삶을 불가피한 상황으로 간주했던 것으로 보인다. 그러나 노르딕 국가들에서는 상황이 다르게 전개되었다.

덴마크의 포크빌둥

1800년경 덴마크는 노르웨이를, 스웨덴은 핀란드를 통치했다. 당시 이 네 나라는 유럽에서 가장 가난한 나라였다. 과거의 1인당 GDP를 보면 노르딕 국가들은 남부 유럽 및 러시아와 비슷한 수준이었고 산업화를 이룬 부유한 영국, 독일, 프랑스, 벨기에, 네덜란드는 물론 스위스의 경제 수준에도 근접하지 못했다. 그러나 노르딕 국가들의 경제적 빈곤에는 흥미로운 면이 있다. 특히 덴마크, 노르웨이, 스웨덴의 문해율은 당시 유럽에서 가장 높았고 스웨덴의 경우 100% 수준에 이른 것으로 알려져 있다. 그러나 비슷한 빈곤 수준인 남부 유럽 국가들의 문해율은 낮았던 것을 감안하면 문해율만으로 경제적 차이를 설명하기는 어려워 보인다.

1780년대에 접어들면서, 덴마크 황태자 프레데리크(Regent Frederikc, 후에 프레데리크 6세가 됨)의 섭정과 그의 내각과 일부 현명한 귀족들은 산업화로 인해 오래된 봉건 제도가 붕괴 위기에 처했음을 인식하게 되었다. 이에 덴마크는 토지개혁이 필요할 뿐만 아니라 제3계층의 농민들이 변화와 개혁을 감당할 수 있도록 더 나은 교육을 받을 필요가 있다는 것을 절감하게 되었다. 그러나 덴마크 사회의 상류층은 봉건 제도를 포기할 의도는 전혀 없었으며 다소 보수적인 입장을 견지했다. 그러나 그들은 교육받지 못한 무지한 계층의 존재는 누구에게도 도움이 되지 않는다는 것을 깨달으면서 각자의 영지에서 더 나은 교육을 제공하는 실험을 시작하였다. 그리고 마침내 1789년에 황태자 섭정(대리인)은 학교위원회를 구성하고 미래의 덴마크 학교 시스템을 설계하는 임무를 맡겼다.

학교위원회 위원 중에는 선친으로부터 세인트크로이섬(St. Croix)

빌둥에서 배운다

의 플랜테이션을 물려받은 에른스트 하인리히 쉬멜멘 백작(Ernst Heinrich Schimmelmann, 1747~1831)이 있었다. 쉬멜멘 백작은 노예와 설탕 무역을 통해 계속해서 부를 축적하여 쉬멜멘 가문을 덴마크에서 가장 부유한 집안으로 만들었으며, 덴마크의 재무 장관 자리에 오르기도 하였다. 백작과 그의 친구들은 1793~94년에 실러와 서신을 교환하였고, 이 서신들은 나중에 각색되어 『인간의 미적 교육에 관한 편지』로 발간되었다.

그리고 나폴레옹 전쟁이 일어났고, 그 이후에 발생한 사건들은 간략히 설명하면 다음과 같다. 1807년에 영국은 코펜하겐을 포격하고 덴마크 해군을 무너뜨렸다. 덴마크는 나폴레옹의 편에 섰고, 1808년에 황태자는 프레데리크 6세로 즉위했고, 1809년에 스웨덴은 러시아에게 핀란드를 빼앗겼다. 그리고 1813년에 덴마크는 스웨덴과 전쟁을 시작하였지만, 같은 해에 연이은 전쟁으로 인해 파산했다. 1814년에는 스웨덴은 빼앗긴 핀란드에 대한 보상으로 덴마크로부터 노르웨이를 얻었다. 그 과정에서 노르웨이는 덴마크를 떠나면서 다소 자유주의적인 헌법을 얻었지만 다른 한편으로는 덴마크가 1814년에 입법한 진보적인 학교 법안의 혜택을 받지는 못했다.

덴마크 학교 위원회는 1789년부터 1814년에 걸쳐 당시 가장 진보적인 학교 법안을 제정했다. 이 법안에는 모든 아동의 7년 의무 교육, 모든 아동의 무료 공립 학교 교육 혜택, 농촌에 있는 모든 성인을 위한 주 2시간의 겨울학교, 학교건물, 교사를 위한 적절한 교육 및 훈련이 포함되었다. 그러나 1813년에 파산한 덴마크는 좋은 의도를 담은 이 법안을 즉시 실행할 수 없었지만, 이미 가야 할 방향은 그 당시에 이미 설정된 것이다. 결국 1840년경에 이르러서야 전국에 필요한 학교 건물들과 숙련된 교사들을 제공하면서 법률을 완전히 시행할 수 있게 되었다.

1) 니콜라이 프레데리크 세베린 그룬트비

1802년 예나에서 독일의 낭만주의, 이상주의 철학자들과 함께 공부했던 노르웨이 출신의 젊은 덴마크인 헨리크 슈테펜스(Henrik Steffens)는 코펜하겐에서 사람들과 자연에 담긴 정신에 대해 일련의 강연을 하였다. 계몽주의로 깨어나 영적으로 굶주린 상태에 있던 코펜하겐 부르주아 계급의 청중들에게 슈테펜스의 낭만적인 강연은 마른 땅에 내리는 비처럼 느껴졌다. 물론 당시에 이런 공개 행사는 남성들에게만 허용되었고, 여성에게는 금지되었다.

청중 중에는 슈테펜스의 19세짜리 사촌인 니콜라스 그룬트비(Nikolaj Frederik Severin Grundtvig, 1783~1872)가 있었다. 신학 학생이자 열렬한 개신교 신자인 그는 슈테펜스와 독일의 이상주의자들의 '정신(spirit)'에 대해 많은 의미를 부여하지는 않았지만, 생각으로부터 떨쳐 내지도 못하였다. 그래서 그것을 그대로 받아들이는 대신에 독일의 이상주의자들과 빌둥 철학자에 관해 연구했다. 그는 페스탈로치부터 아이슬란드 사가(Saga), 그리스 신화, 영국의 영웅 서사시 베어울프(Beowulf) 등의 장대한 서사시에 이르기까지 접할 수 있는 모든 것에 관해 공부했다. 그는 결국 영(spirit)은 오직 성령(the Holy Spirit)일 뿐이며 성령은 지역과 민족에 따라 다른 언어, 전통, 노래, 민속 등을 가지고 있을 거라는 결론에 도달했다. 즉, 덴마크에는 성령의 덴마크 부분, 영국에는 성령의 영국 부분이 있다는 것이다. 이렇게 해서 그룬트비는 독일의 관념론과 기독교 신학을 결합할 수 있었다.

그룬트비가 20대였을 때인 1810년경부터 그는 고대 북유럽(스칸디나비아) 신화[12]를 덴마크어로 번역하기 시작했으며, 그 과정에서 그가 새로 만들어 낸 성령의 개념에 맞게 일부를 수정하기도 하였고 노래와 찬송가 가

사도 직접 쓰기 시작했다. 그는 결국 약 1,500곡의 노래와 찬송가 가사를 직접 썼으며, 덴마크의 가장 열정적인 서정 시인 중 한 명으로 꼽힌다.

그룬트비는 기독교, 신앙, 문화, 빌둥, 정치에 대해 논란이 많은 목회자로서 대중을 대변하는 목소리를 자청하였고, 그로 인해 1826년에 평생 검열을 받게 되었다. 당시 그룬트비는 43세로, 검열은 엄격했지만 그가 글을 쓰고 번역하는 것을 막지는 못했다. 그룬트비는 그 어느 때보다도 적극적이었고 영국에 가서 앵글로 · 색슨 문헌 원본들을 연구하기도 했다.

1829년에서 1831년 사이에 그룬트비는 영국을 세 번 방문했다. 이는 여러 면에서 스스로 변화가 일어나는 빌둥 여행이 되었다. 영국에서 그는 종교와 언론과 상업의 자유를 접하고 실용주의와 의회주의를 경험했다. 그는 케임브리지 대학교에 머물면서 교수와 학생 간의 유대(collegial) 관계[13]를 경험하고 토론이 유익한 탐구로 이어지는 과정을 체득했다. 이 모든 것은 그에게 놀랍고 당황스러웠고 동시에 영감을 주었다. 그리고 그룬트비는 기혼 여성 클라라 볼턴(Clara Bolton)의 지성과 아름다움에 넋을 빼앗겨 사랑에 빠지기도 했다.

그룬트비가 영국 여행에서 깨달은 점은 다음과 같다. 여성은 똑똑하고 남성들이 다루는 동일한 이슈에 대해 여성들도 관심을 가지고 파헤칠 수 있으며, 의견의 불일치와 토론은 성인 학습의 핵심이라는 점을 인식하였다. 그리고 농민들이 교육받고 빌둥을 지닌다면 영지(estate, 領

---

12   역자 주: 북유럽 신화는 바이킹 시대(기원후 790년경~기원후 1100년경)와 그 무렵부터 시작된 스칸디나비아 신화의 뼈대이다.(https://www.worldhistory.org/Norse_Mythology/)

13   역자 주: 초기 대학 특유의 책임과 권위를 공유하는 동료의식이다.

地) 내 집회(assembly)에 참여할 역량을 가질 수 있다는 것을 발견하기도 하였다. 그룬트비는 스스로 그렇게 표현하지는 않았지만, 영국의 실용주의와 독일의 이상주의와 낭만주의를 결합하면서 통찰을 얻었다. 그리고 그에게 아이디어가 떠오르기 시작했다.

그 통찰의 핵심은 우리는 문화적 정체성과 다양성이 필요하다는 것이다. 우리는 소속감을 느끼고 스스로 누구인지 알 필요가 있다. 우리는 민족과 역사가 필요하며, 바로 그것이 우리의 정체성이다. 그리고 우리는 문명화된 방식으로 자신을 표현하고 반대할 수 있어야 한다. 그것이 바로 다양성이다. 민족성은 획일성을 의미하지 않는다. 오히려 반대하고 사물을 다르게 보면서 함께 조국을 아끼고 서로에게 애착을 느끼는 정신을 공유하는 능력이다. 그룬트비는 1832년에 유명한 시의 한 구절에서 이렇게 표현했다. "토르(북유럽의 천둥 · 전쟁 · 농업의 신)뿐만 아니라 로키(북유럽의 파괴와 재난의 신)를 위한 자유." 고귀한 토르는 당연히 자유를 누려야 하지만 혼란을 불러일으키는 사기꾼 로키에게도 자유가 주어져야 한다는 것이다.

이러한 공유된 정체성과 다양성을 만들기 위해서는 새로운 종류의 학교가 필요하다는 생각이 그룬트비의 마음 안에서 확고해졌다. 그룬트비가 이 아이디어를 구체적으로 탐색하기 시작한 것은 1836년에 그가 '인생학교(School for Life)'를 소개하기 위한 팸플릿을 작성하면서다. 이 새로운 학교에 대해 처음 고민할 때, 그룬트비는 공무원이 되길 원하는 젊은 남성을 위한 교육에 관심을 가졌다. 그 당시 젊은 남성들은 지나칠 정도로 그리스어와 라틴어 공부를 많이 하였다. 영감을 주고 살아있는 덴마크 단어들이 아니라 메말라 있는 책에 담긴 지식과 죽어있는 글에 집중하였다. 그러나 고전에 통달한 책벌레보다는 덴마크의 민족과 문화, 그리고 여기에 담긴 덴마크의 정신과 영을 아는 공무원이 필요했다.

그룬트비가 말하고자 하는 바를 이해하는 덴마크인들은 소수에 불과했다. 이에 실망한 그룬트비는 1838년에 인생학교에 대한 아이디어를 이해하기에는 덴마크인들은 너무 멍청하고 오히려 노르웨이인이 더 똑똑하다는 글을 팸플릿에 적기도 하였다. 노르웨이인에 대한 그룬트비의 믿음은 그가 노르웨이에 많은 팬들이 있고 그가 검열을 받는 동안 (1837년 해제됨) 노르웨이인들로부터 재정적 지원을 받은 것에 기인할 수 있다. 노르웨이인이 덴마크인보다 똑똑하다는 팸플릿 내용으로 인해 노르웨이에서 그룬트비의 인기는 더욱 높아졌다.

같은 해 그룬트비는 덴마크인들을 위한 자기 생각을 명확히 전달하려고 노력했다. 그 과정에서 그룬트비는 아래와 같은 또 다른 통찰을 얻게 되었다.

이 인생학교는 고등학교나 대학 학위를 받은 부르주아 출신의 젊은이만을 위한 곳이 되어서는 안 된다. 평범한 사람들을 위한 학교여야 한다. 농부나 소작농들과 같은 평민들도 7년 동안의 초등학교를 넘어선 교육을 받을 수 있어야 하고, 이 교육을 통해 '덴마크인다움(Danishness)'[14]을 느끼고 나라를 아낄 수 있어야 한다. 덴마크 역사, 세계사, 성경, 문학, 특히 아이슬란드 사가(saga), 토론 등을 배워야 한다. 그리고 국가로서의 덴마크의 운영과 생산과 경제 상황과 같은 덴마크에 대한 기초 지식도 습득해야 한다. 그리고 인생학교는 졸업장을 받기 위한 학교가 아니기 때문에 점수와 자격을 위한 시험이 없어야 한다. 인생 그 자체가

---

14   역자 주: '덴마크인다움'은 북게르만 인종 그룹에 속하는 덴마크인의 정체성, 문화, 가치관을 지칭하는 용어이다.(https://en.wikipedia.org/wiki/Danes)

시험이고, 그 시험의 질문은 '젊은이가 삶에서 의미와 목적을 찾고 신과 나라를 섬기고 세상에 도움을 줄 수 있을 것인가?'일 것이다.

그룬트비는 뛰어난 서정 시인이자 목회자였지만 평범한 산문체의 글은 엉망이어서 그가 말하는 것을 이해하는 사람은 아무도 없었다. 그럼에도 불구하고 농부와 소작농들도 스스로 덴마크 사람이고 덴마크에 속한다는 것을 이해해야 한다는 그룬트비의 생각이 많은 사람들에게 공감을 얻기 시작하였다.

2) 덴마크와 슐레스비히-홀슈타인

독일 연방과 프로이센에 접하고 있는 덴마크의 국경 지역은 매우 불안정했기 때문에 당시 덴마크의 농민들은 스스로가 덴마크인임을 자각할 수밖에 없는 환경이었다. 덴마크 본토가 독일 메클렌부르크과 프로이센에 접하는 지역에는 슐레스비히와 홀슈타인이라는 두 공국이 있었다. 이 둘은 문화적으로나 경제적으로 밀접한 관계에 놓여 있어서 슐레스비히-홀슈타인이란 명칭처럼 한몸과도 같았다. 당시 그들은 덴마크 왕의 통치 아래에서 가장 먼저 산업화되어 가장 부유한 지역이었지만, 법적으로는 덴마크 왕국의 일부가 아닌 덴마크 왕의 개인 재산으로 여겨졌다. 그러나 슐레스비히-홀슈타인은 문화적으로 덴마크와 독일의 문화가 섞인 지역으로서 독립 헌법을 갖기를 열망했을 뿐만 아니라 실제로 독일 국가들과 긴밀한 관계를 유지하고 있었다. 그리고 프로이센도 슐레스비히-홀슈타인이 독립 국가가 되길 바라고 있었다. 이러한 지역적 여건을 감안하여 일부 영향력 있는 덴마크인은 슐레스비히에 덴마크 폴케호이스콜레를 설립할 계획을 세우기 시작했다. 슐레스비히-홀슈타인의 젊은 농부들이 덴마크인임을 느낄 수 있다면, 그들이 훨씬 부

유한 독일 연방과 프로이센에 유인될 위험이 줄어들 것이라 생각한 것
이다. 그리고 전쟁이 일어나도 그들은 덴마크와 덴마크인다움을 잃지
않을 것이라 생각하였다.

덴마크인다움과 정체성을 신봉하는 일부 목회자와 부유한 농부들
은 최초의 폴케호이스콜레 설립에 필요한 자금 조달을 위해 지분을 팔
기 시작하였다. 1844년에는 슐레스비히의 덴마크 북단에 위치한 가장
덴마크적 색채가 강한 로딩(Rødding) 마을에 로딩 폴케호이스콜레를 열
었다. 당시 학교는 멋진 3층 건물과 함께 이에 덧붙여 헛간, 마구간, 기
숙사와 교장 필 박사(Dr. Phil)와 크리스티안 플로르(Christian Flor) 목사의
집이 별채로 마련되었다. 여기서 젊은 농부들은 자신이 누구이며 어느
나라에 속하고 어떤 정신을 물려받고 있는지를 배웠고 최신 농업 기술
과 필요한 과학 지식도 배웠다. 설립자, 투자자, 그룬트비와 그의 팬들,
그리고 덴마크의 정신을 굳게 믿는 사람들은 이 학교에 큰 희망을 품고
있었으나, 결과는 기대에 미치지 못했다. 학교가 2년제에 불과하였고,
매우 부유한 농부의 아들들이 아니면 감당할 수 없는 비싼 학비가 문제
였다. 뭔가 중요한 것을 놓친 것이다.

3) 운명의 해, 1848년

1814년에 학교법을 제정한 프레데리크 6세는 1839년에 세상을 떠
났고, 뒤를 이어 사촌인 크리스티안 프레데리크(Christian Frederik)가 크리
스티안 8세로 즉위하였다. 새로운 왕이 통치하게 되면서 덴마크 부르주
아 계층은 노르웨이 헌법과 유사한 헌법이 제정되기를 고대했지만, 크
리스티안 8세는 절대 군주제를 매우 만족스러워했다. 이후 1848년 1월
에 크리스티안 8세가 사망하고 프레데리크 7세가 뒤를 이었다. 부르주

아 계층은 다시 한 번 절대 군주제가 끝나고 덴마크 헌법이 제정되기를 바랐지만, 표현의 자유가 일부 입법화된 것을 제외하면 그들의 염원은 또 이루어지지 않았다.

1848년 2월 유럽 전역에서 혁명이 일어났고, 슐레스비히-홀슈타인의 독립을 위한 운동은 독일의 자유주의 운동에 합류했다. 이로 인해 덴마크 내에서 헌법에 관한 정치적 논쟁이 시작되었고, 같은 해 3월에는 덴마크 본토에서도 혁명이 거의 일어날 뻔했다. 3월 21일 코펜하겐에서 사람들은 새로운 왕 프레데리크 7세에게 자유 헌법을 요구하기 위해 왕궁으로 행진했다. 그들은 정치권력의 삼권 분립을 원했다. 그리고 왕이 독일의 홀슈타인 공국의 더 많은 부분을 포기하기를 요구했다. 그리하여 슐레스비히와 홀슈타인을 분리하고 슐레스비히 공국의 더 많은 영역을 포함하는 덴마크 헌법을 제정하기를 바랐다. 또한 시위대는 기존의 보수적 관료로 채워진 정부 대신에 진보적인 정부를 기대했다.

프레데리크 7세는 자신의 공국을 포기할 의사는 없었지만, 본인 스스로가 왕으로 남는다는 조건 하에 자유 헌법, 의회, 그리고 약간의 참정권을 허용하는 것에 동의했다. 시위대는 군주제를 타도하는 것을 원하지 않았기 때문에 절대 군주제의 폐지와 헌법 위원회의 결성에 합의하였다. 흥미롭게도 열렬한 반민주주의자였던 그룬트비와 로딩 폴케호이스콜레의 플로르 목사가 헌법 위원회의 위원이 되었다.

이러한 사태의 전개에 대해 슐레스비히-홀슈타인 사람들은 반발했다. 그들은 하나의 공국으로 남기를 원했다. 1848년 3월 24일 결국 제1차 슐레스비히 전쟁이 발발했다. 처음에는 슐레스비히의 내전이었지만 곧 두 공국을 둘러싼 덴마크와 프로이센 간의 전쟁이 되었고, 이로 인해 덴마크 내에 민족주의적 정서가 하늘로 치솟게 되었다.

자유 헌법을 약속받은 덴마크인들은 왕을 중심으로 슐레스비히가 프로이센에 승리할 수 있도록 단합하였다. 이 전쟁의 중요성을 굳게 믿은 그들은 군복을 입고 애국적인 노래를 작곡하고 젊은이들을 슐레스비히-홀슈타인 공국으로 보냈다. 이로써 덴마크는 3년간의 전쟁에 들어갔다.

전쟁 중이던 1849년 6월 5일에 덴마크는 최초의 자유주의 헌법을 만들었다. 현대의 기준으로 볼 때는 당시 남성의 10~15%만 투표할 수 있었고, 1901년까지 비밀 투표가 아니었으며 여성은 1915년까지 참정권을 얻지 못했기 때문에 그다지 인상적이지 못하지만, 당시의 덴마크인들이 행복하기엔 충분했다.

1851년에 슐레스비히와 홀슈타인을 두고 치른 전쟁은 일단 멈추었다. 1851~52년 런던에서 벌어진 덴마크, 프로이센, 오스트리아 간 3자 평화 협상에서 슐레스비히와 홀슈타인 각각이 덴마크처럼 헌법을 갖고, 슐레스비히, 홀슈타인, 덴마크를 위한 공동 헌법이 있어야 하며, 슐레스비히는 홀슈타인보다 덴마크에 더 강한 연결 고리를 가질 수 없다는 것에 동의했다. 그러나 이에 대해 슐레스비히가 덴마크의 일부가 되기를 원했던 덴마크인들은 불만이었다.

4) 집단적 민족빌둥

빌둥에 관한 책에서 이런 국경 분쟁에 관해 이야기 하는 것이 이상하게 보일 수 있다. 그러나 이 국경 분쟁과 헌법 입법 과정은 덴마크의 빌둥에 결정적인 영향을 미쳤다. 집단적 차원에서 뿐만 아니라, 개인의 마음속에서도 제도적으로도 그러했다.

1848년 봄에 이르러, 집단적 차원에서 국가로서의 덴마크에 대해 덴마크인들이 눈에 띄게 많은 관심을 가지는 현상이 나타났다. 새 헌법에 대한 약속은 흥미롭게 여겨졌으며, 전쟁이 시작되면서 나라 전체에 걸쳐 덴마크인들의 정신이 달라졌다. '우리 덴마크인들!'이라는 구호가 눈에 띄게 많아졌다. 젊은이들이 훈련을 받고 제복을 입고 전장으로 나아갔다. 이전의 전쟁들은 일반적으로 용병들이 싸우는 왕과 왕 사이의 싸움이었다. 이제 국가의 아들들이 조국의 명예와 영광을 위해 싸우기 시작했다.

개개인의 마음에도 변화가 일어났다. 1848년, 18세의 마틸드 피비게르(Mathilde Fibiger, 1830~1872)는 자신의 고향인 코펜하겐에서 남쪽으로 약 100km 떨어진 작은 섬에 사는 부유한 농부의 두 아이들을 가르치는 가정 교사로 일하고 있었다. 가정 교사로서 마틸드가 경험한 지방 소시민의 삶은 매우 힘들었다. 이러한 자신의 경험을 『클라라 라파엘: 열두 편의 편지(Clara Raphael: Tolv Breve)』라는 소설에 담았다. 이 소설은 자서전적이며 아주 유쾌했지만, 그녀의 아버지를 포함해 몽유병 환자 같은 삶을 살던 부르주아 계급에게는 거슬리는 내용이었다. 이 책은 논란을 일으켰고, 마틸드의 아버지는 이에 격분한 나머지 멀리서 섬까지 와서 그녀를 집으로 데려갔다.

마틸드는 부르주아 계층을 그 어떤 윤곽도 식별할 수 없는 잿빛 덩어리라고 조롱하였지만, 다른 한 편으로 조국 덴마크의 정치 발전과 전쟁에 대한 흥분감을 감추지 못했다. 소설의 내용 일부를 소개한다.

3월 21일, 저에게 새로운 삶의 빛이 밝았어요. 저는 사가(Saga)와 노래를 통해서만 알던 종류의 덴마크 사람들을 실제로 보았어요. 저는 제 영혼을 깊게 울리는 말을 들었어요. 내 이상은 현실에서 나를 맞이했고 내 심장은 자부심으로 가득 찼어요. 덴마크의 국기 색을 보고, 전쟁에 대한 글을 읽고, 전쟁터로 떠나는 용감한 시골 청년들을 만날 때, 마치 낯선 나라에서 모국어로 사랑스러운 멜로디를 듣는 듯한 감동이 가슴 깊은 곳에서 우러나오는 것을 느꼈어요. 그리고 조국과 함께 하느님을 믿게 되었습니다! 마치 태양이 뜨고 긴 꿈에서 내가 깨어난 것 같았어요. 하느님의 형상대로 창조되고 영생을 위해 창조된 인간이 어떤 존재인지를 느꼈어요.

마틸드 자신에 일어난 놀라운 발달적 변화를 성찰한 내용으로 자신을 사회화된 자아로 묘사하고 있다. 자기 통합의 2단계 또는 미적지근한 2.5단계, 혹은 강요된 자기 통치의 3단계에서 열정적인 자기 통치 3단계로 갑작스럽게 변화한 것을 증언하고 있다. 동포들에게 느끼는 강한 연결감에 영감을 받아 자신보다 임무를 더 우선시할 수 있게 되고, 타인의 기대에 부응하는 삶에 인생의 목적을 둘 수 있게 될 것이다. 이러한 상황에서는 누구든 기대를 훨씬 뛰어 넘는 노력을 경주하지 않을까?

피비게르는 소설의 뒷부분에서 어떤 한 친구를 묘사하고 있는데, 이는 자아 2단계와 3단계의 차이를 완벽하게 설명해 준다.

그 친구는 작은 일에 열정적이고, 나는 큰일에 열정적입니다. 나는 군인들이 우리 공동의 대의를 위해 싸우기 때문에 모든 군인을 형제처럼 사랑합니다. 그러나 그 친구가 대의에 관심 있는 이유는 장교 몇 명을 알고 있기 때문입니다.

이와 같은 내적 변화는 사회적 배경에 상관없이 모든 덴마크인들에게 나타났으며, 전에 없던 덴마크인다움에 대한 느낌을 공유하는 것은 사회 계층의 개념을 무너뜨리는 데 이바지했다. 소작인이든 노동자든, 부르주아 계층이든 귀족이든, 한순간에 모두가 법적으로뿐만 아니라 정신적으로도 덴마크인이 되었다. 여전히 오래된 봉건적 사고가 도사리고 있었고 사회는 여전히 극도로 위계적이었지만, 불구하고 소작인은 덴마크의 소작인이었고 부르주아, 귀족, 관료도 덴마크의 부르주아, 귀족, 관료였다.

젊은 피비게르에 진정으로 주목할 만한 점은 그녀가 18세의 나이에 4단계 자아 주도적 자아의 관점에서 자전적 소설을 썼다는 점이다. 그녀는 문화적 논란의 대상이 되어 혐오와 멸시로 슬픈 인생을 살았고 덴마크 최초의 여성 전신기사(telegraphist)이자 공무원이기도 하였다 .

5) 크리스텐 콜

크리스텐 콜(Christen Kold, 1816~1870)은 1848년 전쟁에서 덴마크를 위해 필사적으로 싸우고 싶어 했다. 불행인지 다행인지, 그는 소총을 장전하는 것마저도 서툴러 군대에서 쫓겨났다. 이로 인해 정체성에 혼란을 겪고 미국으로 이민을 고려하게 되었다. 그러나 콜은 덴마크의 선교사와 그의 가족과 함께 가정 교사로서 터키의 스미르나('이즈미르'의 옛이름)에 가게 되었다.

콜은 20살 때부터 교사로 훈련받고 일했지만 학교 시스템에는 적응하지 못했다. 그는 당시 덴마크 교과서가 쓸모없다고 생각했다. 어린이들이 찬송가 구절부터 덴마크 왕의 이름과 연도까지 모든 것을 기계적으로 배우고 암기하는 방식이 무의미하다는 것을 깨닫고 있었다. 오히려 그가 발견한 것은 이야기를 해주면 아이들이 눈을 반짝이며 귀를 기울인다는 것이었다.

스미르나에서 콜은 선교사의 자녀들을 가르치면서 제본가(bookbinder)로도 틈틈이 일하며 돈을 모았다. 그러나 심한 향수병에 걸려 견딜 수 없게 되면서, 1850년 배표를 구해 이탈리아의 트리에스테로 건너가 그곳에서 손수레를 사서 소지품을 싣고 유럽을 가로질러 덴마크 유틀란트 북쪽 지역에 있는 자신의 고향 티스테드(Thisted)까지 걸어갔다.

걷는 동안 그는 진지하게 자신의 영혼을 탐색하며 앞으로 무엇을 할지 고민했다. 그리고 스토리텔링을 해줄 때 학교 아이들이 귀를 기울이고 집중했던 것처럼 훌륭한 스토리들을 큰 소리로 읽어줄 때 어른들도 집중하고 깨달음을 얻은 것을 기억해냈다. 그들은 그냥 듣기만 한 것이 아니라 영적인 차원에서 무슨 일이 일어난 것으로 보였다. 덴마크 낭만주의 시인 잉에만(Bernhard Severin Ingemann, 1789~1862)이 쓴 덴마크 중세 시대의 영웅에 대한 소설들을 읽었을 때 특히 아이들의 반응이 컸다.

수년에 걸쳐 콜은 수많은 독일 빌둥 철학자들, 페스탈로치, 그룬트비의 서적을 구하는 대로 읽으며 학교는 지식을 단순히 전달하는 것 이상의 역할을 해야 함을 뼈저리게 느꼈다. 사람들은 감동을 받아야 하고 깨어나야 하고, 교사는 자신의 이야기를 나누고, 그 이야기에 영혼을 담아야 하며, 가르침의 현장에는 관계가 있어야 하고, 가르치는 것은 일방향이 아니라 쌍방향적 노력이어야 한다는 깨달음이었다.

빌둥과 빌둥을 위한 교육에도 목적이 있어야 했다. 콜은 1848년 전쟁 전후로 형성된 덴마크인다움과 선한 시민의식을 그리워하는 '향수병'을 덴마크 내에 만들어 내고 싶었다. 교육은 단지 더 나은 기술과 더 많은 지식을 위한 것이 아니라 실러가 말한 도덕적이고 미학적인 발전을 추구해야 하며 정신(Spirit)을 일깨워야 한다고 믿었다. 콜이 창조 또는 재창조하고 싶었던 것은 '1848년의 정신'이었다. 젊은 피비게르가 자신의 소설에서 탐구했던 정신이다.

콜은 1851년에 자신의 철학을 실현할 첫 번째 학교를 퓐(Funen)섬의 뤼슬링에(Ryslinge) 마을에 뤼슬링에 폴케호이스콜레란 이름으로 열었다. 그는 자신이 모은 돈과 함께 그룬트비와 그의 주변 사람들의 도움을 받아 농가를 구입해 학교로 만들었다. 그리고 18세에서 20세 중반의 청년 15명을 첫 입학생으로 맞이하였다.

콜은 글을 많이 쓰지 않았지만, 1866년 9월 그룬트비가 주최한 코펜하겐 회의에서 발표한 연설의 녹취록은 남아 있다. 그 녹취록은 자신이 어떤 정신에서 학교를 시작하였고, 지금은 익숙하지만, 150~200년 전의 사람들에게 민족의식과 정체성의 느낌이 얼마나 낯설었는지를 잘 전달한다. 1851년 학교 개교 당시에 대한 콜의 1866년 연설의 일부를 소개한다.

그 당시 깨우친 사람들이 이미 많이 있었고, 그들은 덴마크인이 되었습니다. 물론 모든 사람이 부르진 않았지만, 전국적으로 많은 사람들이 '덴마크 소사이어티'의 노래들을 불렀습니다. 1848년을 기점으로 많은 삶과 열정이 생겨났고, 이는 흔적을 남겼습니다. 그리고 저는 영혼(spirit)이 말씀(the word)을 통해 어떻게 사람들의 삶에 작용하는지를 보고 깊은 충격을 받았습니다. 그 이전에는 영혼이 말씀을 통해 나에게, 그리고 나를 통해 이웃에게 작동하는 방식, 즉 개인적 차원에서 영혼이 개인에게 어떻게 작동하는지를 아는 정도였습니다. 그러나 1848년 즈음에 모든 사람이 영혼을 타고난다는 것을 알게 되고, 처음으로 덴마크 정신을 친숙하게 느끼게 되었습니다. 그리고 내가 정말로 만들어 내고 싶었던 1848년의 느낌과 열정에 대한 명확한 아이디어가 생겼습니다. 그 당시 일어난 부활은 계속되어야 하고 또 계속되고 있는지 확인되어야 합니다. 학교를 통해, 그리고 말씀에 의해, 나는 모든 덴마크 사람들이 지속해서 신명난 상태에 머무를 수 있다는 것을 확인하고 싶었습니다. (중략)

저는 적어도 14~15명을 수용할 수 있는 집이 필요했습니다. 깨우친 사람들이 제게 아이들을 보내서 시도해 보면, 우리가 진정으로 성취하고자 하는 것이 무엇인지를 알릴 수 있을 것이라 생각했습니다. 기독교 정신과 덴마크 정신를 일깨우고 하느님의 사랑과 덴마크의 행복을 믿게 할 수 있기를 원했습니다. (중략)

그룬트비 추종자들은 농민이 깨어난다면, 그들은 스스로에게 주어진 시민적 자유를 사용할 수 있을 것이라 믿었습니다. 그들은 코펜하겐에 모여 덴마크 농민을 계몽하기 위해 할 일을 찾기로 합의하였습니다. 그리고 이 일을 할 적임자를 물색하게 되었습니다. 그때 뮐러(Louis Kristian Müller)는 "나는 콜 외에는 적당한 사람을 모른다"라고 말했다. 그렇게 해서 모두가 콜을 적임자로 여기게 되었습니다. (중략)

11월 1일, 15명의 학생이 가장 좋은 말과 수레를 몰고 왔고, 너무 행복해 보였습니다. 나도 행복한 삶을 살아왔지만, 내 인생에서 그런 기쁨을 맛본 적이 없을 정도로 매우 기뻤습니다. 우리는 배움을 어디서부터 시작해야 할지 파악해야 했습니다. 그전에 무엇을 배웠고, 무엇을 알고 무엇을 모르는지를 모르는 상태에서는 배움의 여정을 시작할 수 없었습니다. 그래서 일단은 잉에만의 소설부터 시작했습니다. 나는 그룬트비의 세계사에서 글을 뽑아 읽히고 고대, 중세, 현재 사이의 연관성을 보여주려 했습니다. 학생들은 잉에만의 역사 소설은 이해했지만 역사적 연관성을 이해하지는 못했습니다. 그럼에도 불구하고 우리는 목표를 달성했고, 그들 중 어느 누구도 그 당시 받아들인 정신을 잃지 않았습니다. 이제 그들은 덴마크를 예전처럼 위대하게 만들기 위해서 의회에 투표하는 것을 포함해 무언가를 해야 한다는 것을 분명히 보기 시작했습니다.

콜의 뤼슬링에 폴케호이스콜레와 플로르 목사의 로딩 폴케호이스콜레 사이의 근본적인 차이는 콜이 단순히 학교에 거주하는 것을 넘어서 페스탈로치가 그랬던 것처럼 학생들과 함께 살았다는 점이다. 그는 가정적인 분위기를 형성하였고, 학교에서도 가장의 역할을 맡았다. 콜은 교사로서 모든 사람이 평등하다 생각하고, 학생들이 자기 집처럼 느낄 수 있는 편안한 분위기를 제공했다. 그리고 프로그램이 5개월을 넘지 않고 교육 비용이 모든 사람이 감당할 만한 수준이어야 함을 알게 되었다. 누군가가 3개월밖에 못 다닐 형편이라면 그것도 괜찮다고 여겼다.

6) 또 다른 운명의 해, 1864년
콜의 학교는 성공적이었다. 그 후 매년 한두 개의 폴케호이스콜레가 문을 여는 정도로 속도는 느렸지만 기반을 잡아가는 것은 분명했다.
그러나 1864년에 상황이 바뀌었다. 덴마크는 슐레스비히-홀슈타인을 놓고 비스마르크와 새로운 전쟁을 벌였다. 결국 프로이센이 두 공국을 모두 차지하게 되었다. 이것은 유틀란트 반도의 절반 또는 덴마크의 1/3에 해당하는 영토가 갑자기 사라졌음을 의미했다. 이 패배의 여파로 덴마크와 덴마크 사람들, 그리고 덴마크 정신은 큰 충격을 받았다. 노르웨이를 스웨덴에 잃었고, 슐레스비히는 완전히 덴마크로 흡수되지 못했다. 그러자 다음과 같은 문제가 제기되었다. 과연 프로이센의 지배를 받는 모든 선량한 덴마크인들은 어떻게 덴마크인의 정체성을 유지할 수 있을까? 그리고 비스마르크가 덴마크의 나머지 영토도 차지하려 한다면, 덴마크의 미래는 어떻게 될 것인가?

덴마크인들은 바로 폴케호이스콜레가 해결책임을 알게 되었다. 덴마크 정신을 강화하고, 역사와 과학을 공부하고, 민족주의적인 노래를 부르고, 아이슬란드 사가와 성경을 공부하고, 읽기와 쓰기 능력을 키우고, 최신 기술을 사용하는 방법도 배우고, 정치 과학과 경제도 공부하는 것이었다. 그러나 무엇보다 가장 중요한 것은 질문을 하고, 함께 탐색하고 스스로 생각하는 법을 배우고, 정신을 불태우고, 마음을 해방시키는 것이었다!

1864년의 패배는 폴케호이스콜레 운동을 촉발시켰다. 1865년에는 덴마크 전역에 5개, 1866년에는 4개, 1867년에는 17개, 1868년에는 11개의 학교가 개교했다. 1900년까지 덴마크에는 총 135개의 폴케호이스콜레가 설립되었으며 그중 약 110개가 살아남았고, 1년에 두 번씩 신입생들을 받아들였다. 각 학교에는 대략 20~70명, 평균적으로 30~40명 정도의 학생들이 재학했다.

1900년경, 인구 약 380만 명의 나라에 110개의 학교가 있다는 것이 많지 않은 것처럼 들릴지 모르지만, 이는 정부가 주도하는 프로그램이 아니라 한 세대에 걸쳐 지역의 목회자, 농부, 자선가 들이 시작한 학교들이었다. 덴마크 정부는 재빠르게 이 프로그램의 가능성을 파악하고 1867년부터 이 학교들에 보조금을 지급하기 시작했다. 그러나 정부는 교육 프로그램과 콘텐츠에 관여하지는 않았다. 실제로 학교들은 자율성에 대해서는 입장이 분명했다.

간단히 학생 수를 분석해 보면 부르주아 계층보다는 농부, 소작인 계급이 자녀들을 더 많이 보냈다는 흥미로운 사실을 발견하게 된다. 그들은 최빈곤층보다는 농촌의 중상류층 청년으로서 7년의 초등학교 의무 교육에 더하여 최신 지식을 추구하고 질문을 던지는 교육을 받을 수 있게 된 것이다.

1867년 학교별 학생 수를 어림잡아 보면, 덴마크 폴케호이스콜레 전체 학생 수는 1,000명에서 많게는 2,000명 정도였을 것이다. 학교당 35명, 30개 학교, 연간 2회 입학을 고려하면 약 2,000명으로 추산할 수 있다. 1870년에는 2,000~4,000명, 1890년대 후반에는 4,500명 이상, 1900~1940년에는 매년 평균 6,000명의 덴마크인이 폴케호이스콜레에 다녔으며 그중 절반이 여성이었을 것으로 보인다. 1800년대 후반에 이 연령대 인구가 63,000명 정도인 점을 감안하면 10%에 가까운 청년들이 폴케호이스콜레를 다닌 것으로 추정된다. 사망과 이민으로 인한 인구 손실을 고려했을 때, 1940년까지 덴마크 성인 250만 명 중 약 20만 명이 청년기에 폴케호이스콜레에 다닌 것이다. 성인 농부들과 소작농들만 고려한다면 이는 적어도 15%를 의미하는 것이다.

10%의 청년들이 눈빛을 반짝거리며 공부할 수 있는 기회를 가진 것에 감사해 하고, 과감하게 질문하고 스스로 생각하는 것을 상상해 보자. 그리고 지역 공동체를 조직화하고 농장을 인수하여 최신 기술과 과학을 적용하고 협동조합 식료품점, 낙농장, 베이컨 공장, 도살장 등을 시작하고 국가에 대해 책임을 다하는 것을 상상해 보자.

이는 상상이 아니라 실제로 일어난 일이다.

7) 국가의 변화

1850년경 이후 덴마크에서는 여러 일들이 일어났다. 철도가 생겼고, 교육의 모든 영역이 개선되었다. 특히 엔지니어와 수의사 교육의 발전으로 덴마크 육류 및 유제품 생산이 크게 향상되었다.

그러나 덴마크의 폴케호이스콜레 교육이 아래에서부터 힘을 받아 위로 확산된 상향식(bottom-up) 혁신이 가지는 함의를 간과해서는 안 된다. 노르웨이와 스웨덴에서는 목회자, 농부, 지식인, 심지어 일부 기업가도 이를 재빨리 알아차렸다. 이 두 나라는 1860년대에, 그리고 핀란드는 1870년대에 최초의 폴케호이스콜레를 설립했다.

덴마크에서 폴케호이스콜레를 시작한 이유는 분명했다. '프로이센에 나라를 빼앗겨도 덴마크 정신은 잃을 수 없다!'는 것이었다. 덴마크에서 폴케호이스콜레가 필요한 이유에 대해서는 의심의 여지가 없었다. 그러나 노르웨이와 스웨덴에서는 상황이 좀 달랐다.

노르웨이의 지역 농부들과 소작인들은 자녀들을 폴케호이스콜레에 보내기를 주저했다. 쓸모있는 것을 배우며 인성을 키우지만, 졸업 증서는 받지 못하기 때문이었다. 그럼에도 불구하고, 노르웨이의 부모와 자녀들도 결국 그 가치를 알게 된다.

1866년 스웨덴에서는 모든 재산 소유자에게 선거권을 주었다. 이로 인해 법을 제정하고 회의를 주최하며, 장부를 작성하는 등 민주적으로 일하는 것에 대한 지식과 경험이 없는 농부들이 갑작스레 정치적 영향력을 가지고 지역 정당 지부를 창설하고 출마할 수 있게 되었다. 따라서 스웨덴 부르주아 세력과 권력 계층 사람들은 이러한 새로운 유권자 계층이 스스로가 가진 정치적 권력의 가능성과 한계를 이해하고 '스웨덴은 무엇인가?'를 고민할 필요가 있다는 것을 인식하게 되었다. 이러한 배경하에 부르주아 세력과 권력층은 폴케호이스콜레의 설립을 지원하기 시작하였다. 이렇게 민주적으로 조직화하는 스킬과 새로운 농업 테크놀로지와 과학의 습득이 스웨덴 폴케호이스콜레가 성공한 핵심 요인이다. 덴마크와 달리 정신적, 민족적 측면은 덜 중요했다고 볼 수 있다.

핀란드는 첫 폴케호이스콜레를 1874년에 열었다. 하지만 1918년까지 러시아의 지배를 받고 있었기 때문에 민족주의적 어젠다를 내세우는 것은 매우 민감한 이슈였다. 그럼에도 불구하고 핀란드의 문화적 자각이 폴케호이스콜레를 설립하는 데 중요한 역할을 했다는 것은 의심의 여지가 없다.

폴케호이스콜레가 덴마크 젊은이들과 덴마크 사회에 미친 영향의 깊이는 노르웨이인 안드레아스 오스틀리드(Andreas Austlid, 1851~1926)가 1911년에 쓴 콜에 대한 책 『어느 한 민속교사(Ein Folkelarar)』에 잘 기술되어 있다. 8년 동안 교사로 일한 경험이 있는 오스틀리드는 28세 때 3년 동안(1879~1881) 덴마크 폴케호이스콜레를 방문했다. 그는 그곳에서 만난 덴마크 젊은이들에게 주눅들기도 했지만 영감을 받았다.

이곳에서 나는 제 자신이 풍요로운 삶 속에 있음을 발견하였습니다. 구드브란드(Gudbrand) 출신인 나는 매우 강력한 인상을 받았습니다. 나는 그들에게 매료당함과 동시에 몹시 위축되었습니다. 이 정도로 개방적이고 사람을 믿는 젊은이들을 만난 적이 없었습니다. (중략) 그들은 너무도 행복하고 친절한 나머지 마치 그들의 에너지가 나에게도 느껴지는 것 같았습니다. 그들은 영리하면서도 항상 선의로 가득 찼지만, 그들이 미래에 하고 싶은 것들을 이야기할 때 나는 기가 죽었습니다. (중략)

오, 이 젊은이들! 어린애들처럼 너무도 즐겁고 가볍게 자신들의 미래를 생각하고 있습니다. 하지만 모두가 무언가 의미 있는 일을 하고 중요한 존재가 되려고 하는 것 같았어요. 모두 스스로 그렇게 될 것이라 믿었고, 열정으로 가득 찼어요. '의심'이라는 단어는 아마도 그들의 사전에 없었을 것입니다. 만약 이런 일들이 노르웨이에서 일어났다면 사람들은 그들을 비웃었을 것입니다. "애들아, 잘난 체하는 바보들아, 너희들은 머리에 피도 안 마른 풋내기들이야!"라고 구드브란드 사람들은 말했을 것입니다.

그러나 이들은 몽상가처럼 밝은 대낮에 돌아다니며 공중에 성을 쌓았습니다.

퓐섬에서 온 한 남자는 아버지의 농장으로 돌아가 모든 것을 뒤집어엎고 최첨단 농장을 만들어 교구 지역 전체를 바꾸고 싶어 했습니다. 그의 이웃들은 그를 부지런히 따라해야 했을 것입니다!

조그만 소작 땅과 소 두 마리를 가진 사람이 있었습니다. 그는 다른 농부들과 경쟁하고 원예를 시작하였습니다. 머지않아 돼지 20마리와 닭 200마리를 기르게 되고, 소는 두 마리 이상으로 늘렸고, 작은 땅으로 큰 농장보다 더 많이 팔았습니다. (중략)

분명 이곳에서는 놀라운 일이 일어났습니다. 이 가볍지만 강한 믿음을 그들은 어디서 얻었을까요?

자유학교(free school) 교사들을 비롯하여, 폴케호이스콜레 교사들, 몇몇 목회자님들, 여기저기서 농사짓는 농부들에 이르기까지 모두 이렇게 살려고 노력하였고, 그렇게 사는 것이 옳다는 것을 알게 되었다고 스스로 말했습니다.

그런데 그들은 어떻게 터득하였을까요? 나는 이 질문을 파고들며 물었습니다.

그룬트비에게서 답을 찾고 콜에게서도 답을 찾았습니다. 그리고 그 답은 똑같았습니다.

노르웨이, 스웨덴, 핀란드의 청년들이 덴마크 청년들만큼 열정적이 었는지를 비교하는 것은 어렵다. 이 세 국가는 폴케호이스콜레를 확산 시키기 위해 덴마크의 사례에 의존해야만 했기 때문이다. 그런데도 젊 은이들의 성장 과정에 빌둥을 적용하면서 노르딕 국가들이 달라졌다는 점에는 의심할 여지가 없다.

노르딕 포크빌둥

1880년대 후반 학자들은 코펜하겐, 오슬로, 스톡홀름에 있는 노동 자들을 위해 강연, 박물관 가이드 투어, 대중 과학도서 출판과 같은 포 크빌둥 활동을 시작했다. 1900년경에 이르러서는 스칸디나비아의 주요 도시에서 노동자들이 스스로 포크빌둥 활동을 펼쳐나가기 시작하였다.

1902년 스웨덴 교사이자 사회민주당원이었던 오스카 올슨(Oscar Olsson, 1877~1950)은 스터디 서클(Study circle)을 처음으로 만들었다. 스터디 서클에는 선생님이 없고 대신에 한 사람이 리더로서 스스로 서클을 조 직하여 회의를 주선하고, 학습 자료를 찾는 역할을 수행하였다. 모든 다 른 구성원들은 서클에 책임감을 가지고 참여하고 주제에 관한 생각과 질문들을 공유함으로써 서클을 활성화하는 데 공헌하였다. 이러한 방식 으로 1900년대 초에는 이미 외딴 마을에서도 사람들이 포크빌둥 활동

빌둥에서 배운다

을 스스로 조직화할 수 있게 되었다. 보통 책 한 권을 구하여 모두가 읽고 난 후 함께 토론하였다. 그리고 그 책을 공동 도서관에 비치하여 공유할 수 있도록 하였다. 스터디 서클은 스웨덴의 포크빌둥을 대표하는 특징이 되었고, 스웨덴의 전 총리 올로프 팔메(Olof Palme, 1927~1986)는 스웨덴을 '스터디 서클 민주주의' 국가로 칭하기도 했다.

1920년대 초에 이르러 다양한 정치적 노선을 지지하는 스터디 협회가 북유럽 국가 전체에 확산되었다. 학습의 내용은 언어 과정과 타자와 같은 새로운 전문적인 테크놀로지에 관한 학습이 섞여 있었지만, 경제 이론, 예술, 과학, 역사 등의 수업이 주종을 이루었다.

스포츠 협회 또한 북유럽에서 매우 중요했다. 특히 스포츠 협회는 도시와 시골의 젊은이들이 올바르게 성장하고 조직적으로 일하는 방식을 배우도록 지원했다. 이는 스포츠뿐만 아니라 민주주의 훈련으로서 의미도 있었다. 북유럽에는 금주 운동을 하는 협회와 특정 종파에 속하지 않은 독립 교회도 많았고, 스카우트 연맹은 전 세계에서 그러하였듯이 북유럽 어린이들에게 중요한 역할을 했다.

1) 어린이를 위한 덴마크의 특별한 교육

덴마크의 에프터스콜레(efterskole)는 널리 알려져 있다. 덴마크 고유의 학교 모형으로서 'efter'는 견진 성사 이후를 의미한다. 첫 번째 학교는 1879년에 시작되었는데, 폴케호이스콜레와 매우 유사하지만 14~18세를 위한 학교이다. 에프터스콜레는 초등학교 정규 커리큘럼의 마지막 해에 해당하는 교육 내용을 포함한 1년 프로그램을 제공하고, 졸업장을 수여한다.

포크빌둥의 3단계

　일반적으로 폴케호이스콜레에서 배우는 포크빌둥은 민족의식에 대한 정서를 깊이 느끼고 최신 과학과 기술을 배우며 스터디 서클과 야간 수업에 참여하는 것을 핵심으로 한다. 이러한 포크빌둥을 **포크빌둥 1.0**이라 부른다. 이 첫 번째 포크빌둥의 물결은 농민과 노동 계급층을 깨우치어 그들이 스스로 힘을 가지게 되고(empowered) 능동적 참여 시민으로서 산업화 사회가 제공하는 기회를 활용할 수 있도록 해주었다. 그들은 이러한 포크빌둥 1.0의 과정을 통해 열정적인 자기 통치적 청년으로 성장하였다. 더 나아가 조합에 가입하고, 투표하고, 정당에 출마하는 등의 사회 활동에 적극적으로 참여하는 자기 주도적 성인으로서의 자세를 갖추게 되었다.

　포크빌둥 2.0은 북유럽 국가에 고유한 문화적 물결로서 문화적 급진주의라 할 수 있다. 초기 문화적 급진주의 사상가로는 1880년대 덴마크 문화 평론가 게오르그 브라네스(Georg Brandes, 1842~1927)와 노르웨이 극작가 헨리크 입센(Henrik Ibsen, 1828~1906)이 있다. 1930년대의 문화적 급진주의는 덴마크 건축가 폴 헤닝센(Poul Henningsen)의 디자인과 서정시 덕분에 탄력을 받았다.

　문화적 급진주의는 계몽과 해방의 이데올로기에 기반을 두고 과거의 미신, 종교, 억압, 보수적 규범을 제거하고자 했다. 이는 계몽, 과학, 자연, 합리주의, 보편주의, 인간 평등, 인간 존엄성, 성적 해방과 민주주의를 촉진했고, 공산주의와 파시스트와 나치즘과 민족주의를 거침없이 반대하였다. 그리고 결혼의 억압적인 측면을 조롱했으며, 이러한 비판들은 1930년대의 많은 사람들에게 매우 불쾌하게 느껴졌다.

　　문화적 급진주의를 포크빌둥 2.0이라고 부를 수 있는 이유는 단순한 지적 운동이 아니라 문화적 변화와 계몽을 추구하였기 때문이다. 이러한 성향은 1930년대와 1940년대의 예술, 건축, 디자인, 서정시와 풍자적 노래 등의 미학을 통해 구현되었다. 다양한 방법으로 문화적 급진주의는 독일의 모더니즘, 미래주의, 아르 데코, 바우하우스의 물결을 반영했지만, 테크놀로지, 산업, 속도, 기계주의보다는 인간을 중심에 두고 있었다. 문화적 급진주의는 시와 풍자, 일상 용품의 새로운 디자인을 통해 대안을 제시함으로써 기존의 규범과 비인간화에 도전했다. 디자인은 실용성과 미니멀리즘을 추구하였으며, 삶의 질, 검소함, 평등, 휴머니즘에 관한 아이디어를 기반으로 했다. 그 배경에는 항상 해방, 인체 비율, 자연, 천연 재료 등이 있었으며, 오래된 규범과 억압으로부터의 탈피가 깔려 있었다. 문화적 급진주의에는 오늘날의 심리학 어휘가 없었지만, 문화적 급진파가 목표로 한 것은 자기 주도를 통해 오래된 규범에서 해방되어 삶에서 진정한 자아와 자신의 길을 찾는 것이었다. 1930년대의 권위주의와 전체주의적 대중 운동이 추구하는 것과는 정반대의 길이었다.

　　제2차 세계대전 이후 문화적 급진주의는 북유럽을 휩쓸었다. 특히 교육 제도, 폴케호이스콜레와 포크빌둥의 영역에서 그러했다. 1950년대부터 시작하여 특히 1970년대 이후, 이러한 문화적 변화는 폴케호이스콜레가 역사와 공유하는 민족의식보다는 예술과 스포츠에서 개인적 성취를 이루는 것에 더 관심을 두게 되었고, 유럽과 글로벌 관점에 무게중심을 두었다는 것을 의미했다. 이 시대의 폴케호이스콜레들은 1800년대처럼 문화적 어젠다를 강하게 주장하지 못하고 철학적으로나 지적으로 그 의미를 규정하지도 못하였다. 그러나 제2차 세계대전 이후에 설립된 일부 학교는 예외적으로 민주주의적이며 인도주의적 어젠다를 추구하였다. 1970년대 이후 일반적인 교육 수준이 상승하고 노르딕 사회의 모든 계층이 공공 도서관과 라디오, 텔레비전을 활용할 수 있게 됨에 따라, 폴케호이스콜레는 민족 국가 내에서 자기 통치를 추구하기보다는 글로벌 세상에서 자기 주도를 지향하기 시작하였다.

덴마크, 노르웨이, 스웨덴, 핀란드의 포크빌둥은 150년 동안 같은 뿌리에서 같은 곳을 향해 발전했기 때문에 여전히 많은 공통점을 가지고 있다. 그러나 중요한 구조적 차이가 있다. 공통분모는 이 세 나라의 포크빌둥은 초등, 중등, 고등 교육이라는 정규 교육을 넘어선 포괄적인 교육의 영역에 관한 것이라는 점이다. 그리고 폴케호이스콜레는 상업적 동기로부터 시작한 것이 아니라, 민주주의 단체, 신앙 공동체, 정당 또는 노동조합 등에 의해 조직화되었으며, 국가 또는 지방 자치 단체의 재정 지원이 있지만 국가에서 운영하지 않으며 교육 내용에 대해 완전한 자유가 있다.

21세기 초에 이르러 노르딕 국가 전역에 걸쳐 폴케호이스콜레는 그 어느 때보다 인기가 높았다. 특히 고등학교 이후의 교육을 선택하기 전에 자신의 소명을 찾기 위해 젊은이들이 폴케호이스콜레에 몰려와 갭이어(gap year) 교육을 받는다. 세상이 점점 더 복잡해지고 까다로워질 뿐만 아니라 정규 교육이 시험에 초점을 맞추면서 학습의 의미와 기쁨을 빼앗고 있다. 모든 사람이 갭이어 교육을 받을 형편이 되는 것은 아니지만 이를 감당할 수 있는 사람은 포크빌둥을 추구하고 그들의 정신과 영혼에 필요하지만 결핍된 영양분을 채우고자 노력할 필요가 있다.

오늘날 노르딕 전체에 걸쳐 포크빌둥 1.0과 2.0 시대에 상응하는 급진적인 포크빌둥 사상이 결여되어 있다. 21세기에 걸맞는 의미 구성을 가능하게 할 빌둥 철학과 개념을 찾아야 한다. 오늘날 우리가 직면하고 있는 지역, 국가, 대륙, 글로벌 차원의 도전에 적합하게 우리 자신과 사회를 재정립해야 한다. 이를 위한 **포크빌둥 3.0**이 필요하다.

빌둥의 양적, 질적 성장

: 더 깊이 이해하기

빌둥은 항상 문화적 맥락 안에서 존재한다.
문화 코드는 집단 규범을 정의한다. 대표적인
집단 규범이 자유와 책임에 관한 것들이다.
오늘날 민족주의는 비판을 받는 경향이
있다. 하지만 덴마크의 포크빌둥이 그렇게
민족주의적이었다면, 왜 문제가 되지
않았을까? 민족주의는 과거에도 지금도
여전히 수많은 사람에게 중요하다. 그렇다면
그 사람들이 잘못 생각하는 것인가? 아니면
그들이 중요하게 생각하는 민족주의가
지속 가능한 미래를 위한 글로벌한 변화를
가능하게 하는 원천일까? 이러한 변화를
실행하려면 어떤 종류의 빌둥이 필요할까?
21세기에 인간 모두가 의미 있는 삶을 살 수
있게 해주는 '교육과 빌둥'을 충분히 개발할
수 있을까? 빌둥로즈(Bildung Rose)와 소속의
원(Circles of Belonging)은 이를 더 깊이 이해할 수
있도록 도와준다. 그리고 빌둥의 결핍은 여러
모습으로 나타나며, 이를 해결할 수 있는
도구가 필요하다.

본 장은 덴마크에서 일어난 역사의 '작동 원리'를 이해하는 데 필요한 빌둥과 포크빌둥을 바라보는 다양한 시각을 제공한다. 이로 인해 우리는 빌둥과 포크빌둥의 과거, 현재, 미래에 대해 의미 있는 대화를 나누고, 빌둥을 더 깊이 이해하게 될 것이다. 포크빌둥의 진화된 버전 3.0도 만들어 낼 수 있기를 기대한다.

문화 코드와 사회 변혁

빌둥은 항상 문화적, 사회적 맥락에서 존재하며 빌둥철학은 이 사실을 1774년 이후부터 줄곧 인식해 왔다. 사회의 권력 구조뿐만 아니라 문화, 시, 미학, 문학 등을 고려하지 않고서 빌둥을 이야기할 수 없다.

문화 코드는 사회 구조와 이에 대한 인식론이 반영되어 있기 때문에, 사회가 커지고 복잡해질수록 문화 코드도 변할 수밖에 없다. 물리적 경계 내에서 더 많은 사람이 사회를 이루어 살수록 우리는 협력하며 경쟁할 필요가 더 커진다. 이러한 맥락에서 문화 코드는 사회 전체에 걸쳐 자유와 책임의 분배를 규정하고, 폭력을 최소화시키는 도덕적 패브릭(moral fabric)의 역할을 수행한다. 오늘날 문화 이론가들은 일반적으로 선사 시대 토착(pre-historic indigenous) 문화 코드, 청동기 시대 프리모던(premodern) 문화 코드, 모던(modern) 문화 코드, 그리고 포스트모던(postmodern) 문화 코드, 네 가지 문화 코드를 제시한다. 이 네 가지 문화 코드는 어느 특정 문화의 사회에서 인간이 번성하는 데 필요한 빌둥을 정의한다.

- **선사 시대 토착 문화 코드**는 일반적으로 50~80명(최대 150명)의 수렵 채집 부족들 사이에서 등장했으며, 구전 서사가 가장 발전된 의사소통 수단이었다. 이 작은 사회들은 평등주의적이었고, 인간을 자연과 자연의 순환적 흐름의 일부로 여겼다. 그리고 인간, 인간이 만든 도구들, 그리고 자연에는 서로 관련된 영혼들이 스며들어 있다고 믿었고, 그 영혼들을 경외감을 가지고 대해야만 했다.
- **프리모던 문화 코드**는 청동기 시대(기원전 3500년경 중동과 이집트)와 철기 시대(기원전 1100년경 그리스에서 아시아를 거쳐 중국과 일본에 이르는 기후대를 따라 형성됨)의 도시 국가들에 출현했다. 이 도시 국가들은 강력한 제국들에 연결된 5천 명에서 10만 명 정도의 사회들이었다. 손으로 글을 쓰는 것이 가장 발전된 의사소통 방식이었고, 공동체로서 생존하기 위해 권력의 위계질서를 필요로 했다. 가부장제와 조직화된 종교가 등장했고, 인간은 점점 더 자연과 분리된 존재로 여겨졌다.
- **모던 문화 코드**는 수백만 명으로 구성된 서구 사회에서 등장하였다. 이동 가능 활자체 인쇄기의 발명에 힘입어 등장한 신문이 라디오와 텔레비전과 같은 전자 미디어와 결합되면서 매스미디어

시대를 열었다. 서구 사회들은 과학과 모든 사람의 평등한 권리와 민주주의를 발전시켰고, 인간은 자연의 일부가 아니라 자연과 분리되어 존재한다고 여겼다. 더 나아가 테크놀로지의 발전을 통해 자연을 통제할 수 있다고 확신하게 되었다.

• **포스트모던 문화 코드**는 글로벌화된 세계에 등장하였다. 이 글로벌 세계는 소수와 비주류 마이너러티의 존재가 존엄하다는 것을 인정받을 권한이 있는 세상이다. 사람들은 이동해 살면서도 자신들의 문화를 지키고, 지구에 미치지 못하는 곳이 없는 소셜 미디어는 국경을 넘어서 존재하는 지구상의 모든 문화들을 소수 문화로 만드는 세상이다. 이 다양성과 공간적 편재성으로 인해 단 하나의 진리가 압도적인 위치를 차지하지 못한다. 역설은 일상의 일부로 등장하고, '정치적 올바름'은 어느 누구도 불쾌하게 만들지 않고 적대적인 환경을 조성하지 않는다는 것을 함축하는 표현이 되었다. 포스트모던의 문화 코드로 인해 인간은 자연과 너무도 동떨어지게 되어 성(sex)과 성별(gender)을 모두 사회적 구성 개념으로 여길 정도가 되었다. 생물학적 인간 암컷(female)을 여자가 아니라 질(vagina)의 소유자로 간주하는 식이다.

인간의 도덕적, 정서적 발달을 탐구하던 빌둥 철학자들은 전근대적, 종교적, 봉건적, 농업적 절대 군주제에서 근대적이며 계몽된 민주 산업화 국가들로 이행하는 급진적인 문화적 전환기에 살고 있었을 것이다. 빌둥 철학자들은 탐구를 통해 사회적, 문화적 패브릭이 격변하고 있었을 뿐만 아니라 인간들이 사회와 타인들과 상호 작용하는 능력도 마찬가지로 역동적이었음을 발견하였을 것이다.

지금 우리가 사는 시대 또한 거대한 전환의 시기이다. 지난 한 세대 동안 근대성(modernity)[15]은 포스트모더니즘의 도전을 받아왔지만, 모더니즘과 포스트모더니즘 둘 다 그 자체로 '공유된 문화 코드'라는 위상을 차지하기에는 충분하지 않다. 모더니즘은 산업화 민족 국가로부터 태동하였고 우리가 이 시기를 헤쳐나가는 데 도움이 되었지만, 내면의 정신적 욕구를 다룰 수 있을 만큼 아주 복합적이지 않다. 또한 글로벌 기후 변화와 기타 자연의 변화에 직면한 글로벌화된 세계, 글로벌 경제, 유목민처럼 옮겨 다니며 사는 수백만의 사람들, 국경을 넘어 소셜미디어로 연결된 수십억 명의 사람들을 감당하기에는 너무 단순하다. 포스트모더니즘은 문화와 사회를 해체하는 데에는 유용하지만, 사람들을 한데 모으는 데는 전혀 쓸모가 없다. 무엇이든 분해하는 데에 적합할 뿐이다. 그래서 모더니즘과 포스트모더니즘 시대의 '교육과 빌둥'은 충분하지 않다. 200여 년 전에 프리모던 시대의 '교육과 빌둥'이 불충분해진 것처럼 말이다.

21세기에 빌둥이 무엇을 의미하는가를 탐구하기 위해서는 포스트모더니즘 이후에 무엇이 올지 생각해 볼 필요가 있다. 한 가지 제안은 내가 『메타모더니티: 복잡한 세상에서의 의미와 희망(Metamodernity: Meaning and Hope in a Complex World, Nordic Bildung, 2019)』라는 저서에서 탐구한 메타모더니티(metamodernity)이다.

- **메타모던 규범**은 위의 네 가지 규범들 각각의 장점들을 하나로 연

---

15   역자 주: 번역의 편의상 근대성(modernity)와 모더니티를 혼용하였다.

결된 완전체로 통합하고, 그 진정한 가치를 이해하는 것을 의미한다. 메타모더니티는 아직 어디에도 존재한 적이 없었다. 메타모더니티는 새롭게 부상하고 있으며 우리가 만들어 나갈 세상의 복잡성에 어울리는 다층적인 문화 코드가 될 수 있다.

먼저 언급한 네 가지 규범의 흥미로운 특징 중 하나는 덜 복잡한 사회의 문화 코드로 더 복잡한 사회의 문화 코드를 파악할 수 없다는 것이다. 덜 복잡한 문화 코드를 가진 사회의 관점에서 보면, 더 복잡한 사회는 비도덕적(amoral)이다. 반대로 더 복잡한 사회의 관점에서 보면 오래된 문화 코드를 가진 덜 복잡한 사회는 대개 원시적인 것으로 해석된

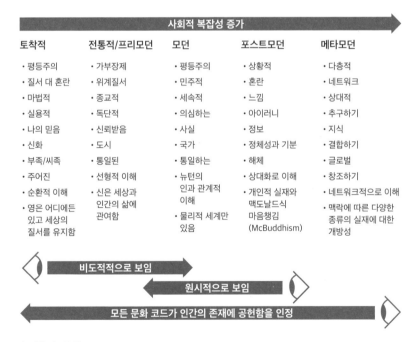

〈그림 2〉 문화 코드   출처: The Nordic Secret

다. 따라서 문화 코드 간 충돌의 여지가 존재한다. 그러나 메타모더니티의 관점에서 보면, 그 이전 시대의 코드들은 모두 인간답게 존재하는 데 필요한 중요한 요소들을 담고 있다.

어느 특정 문화 내에서 고도의 지식과 경험을 소유한 사람이 발달 단계로 보면 자기 통합적일 수도 있고 자기 통치, 자기 주도, 혹은 자기 변혁적일 수도 있다. 어디에 위치하느냐에 따라 그 의미는 다르게 평가될 것이다.

〈그림 3〉에 제시된 웰빙 매트릭스 도표에 의하면, 선사 시대 토착 문화에서는 자기 통치 단계의 삶이 편안하지만 모든 자아 발달의 층 또는 단계들도 각각 그 가치를 인정받았다. 특히 무속인과 원로는 높은 존경을 받았다. 그러나 과거에 존재했고 지금도 일부 존재하는 프리모던 사회에서는 자아 통치 단계만이 허용되었다. 프리모던 사회에서는 규칙을 어기고, 자기만 생각하고 그러한 생각을 표현할 정도로 어리석은 사람들은 가혹한 처벌을 받았다. 유럽의 프리모던 문화를 예로 들자면, '내가 얻는 것은 뭔데?'라는 식의 사고를 하는 자기 통합적 단계의 사람들은 공개적으로 망신을 당했다. 그리고 자신의 가치관에 따라 의사 결정을 내리는 자기 주도 단계의 사람들은 화형에 처해졌다. 모더니즘 사회에서 자기 통치적 사람들이 오래 행복하게 살 수 있을지 모르지만 자기 주도적 사람만이 충만한 삶을 살 수 있다. 포스트모더니즘 사회에서는 어느 누구도 진정으로 행복하기 어렵지만 정신약학(psycho-pharmaceuticals)의 발달을 통해 이 문제를 일시적으로나마 해결하고자 하였다. 메타모더니티가 생애의 모든 단계와 이에 상응하는 개인 발달의 층(layer)이 가지는 가치를 인정하고 포용할 수 있을 것이라 기대해 본다.

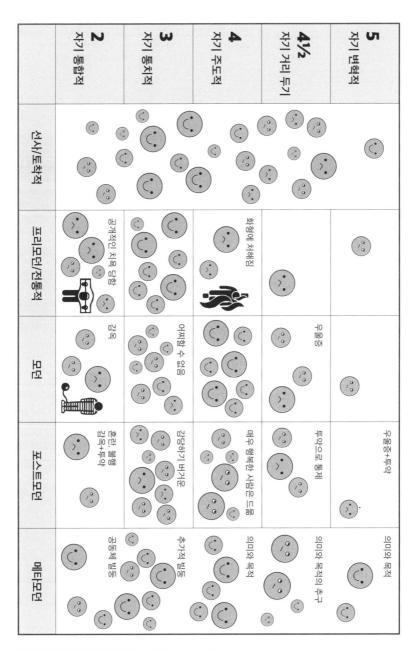

	선사/토착적	프리모던/전통적	모던	포스트모던	메타모던
5 자기 변혁적					
4½ 자기 거리 두기		황홀에 처해짐	우울증		의미와 목적
4 자기 주도적				특약으로 통제	의미와 목적의 추구
3 자기 통치적			어쩔할 수 없음	매우 행복한 사람은 드묾	의미와 목적
2 자기 통합적		공개적인 치유 담함	감옥	감당하기 버거운	추가적 빌둥
				혼란, 불행 감옥+특약	공동체 빌둥

〈그림 3〉 웰빙 매트릭스(The wellbeing matrix)

출처: The Nordic Secret

우리는 4개의 문화 코드들 중 어느 특정 코드 내에서 높은 수준의 교육을 받는 것은 가능하지만, 그 특정 코드 외의 다른 3개의 문화 코드를 충분히 경험하는 것은 불가능하다. 빌둥 철학은 이 사실을 잘 인지하고 있다. 우리는 어렸을 때의 자기 통치 단계뿐만 아니라 전 생애에 걸쳐 근본적으로 자기가 자라난 문화에 의해 형성된다. 여기서 벗어나려면 우리는 빌둥 여정을 통해 자신의 문화를 초월해야 한다. 외국에서 살고, 웃음거리가 되어 보고, 부끄러움을 느끼고, 실수로부터 배우고, 낯선 외국의 문화 코드에 따라 삶을 살아보는 것이다.

문화 코드는 개인의 자유와 책임 의식이 역사의 흐름에 따라 어떻게 발전했는지를 보여준다. 서구 문화가 포스트모더니즘으로 인해 겪는 문제 중 하나는 가치의 위계 구조가 결여되었다는 점이다. 포스트모더니즘 사회는 왜 근대성이 전근대성(pre-modernity)보다 더 나은지 설명하지 못한다. 반면에 메타모더니즘은 자유와 책임의 증가는 객관적 선(善)임을 설명하고 어느 한 사회가 다른 사회보다 왜 더 나은지를 주장할 수 있게 해 준다. 메타모더니즘이 다른 어떤 문화 코드보다 우월한 이유를 보여주고 있지만, 우리는 메타모더니티가 전제로 하는 빌둥과 포크빌둥을 만들어야 하는 숙제를 안고 있다. 빌둥 3.0은 메타모더니즘이어야 한다. 우리는 네 가지 전 단계들을 구성하고 있는 문화 코드들의 모든 요소들을 통합해 우리 삶을 풍요롭게 만들 수 있어야 한다. 이러한 조건이 충족될 때에만 사회가 메타모더니즘으로 평화롭고 의미있게 전환할 수 있다.

자유와 책임

　자유와 책임은 빌둥의 핵심이다. 빌둥 철학자들은 책임보다 자유에 초점을 두었다. 그 이유는 아마도 그들이 많은 의무를 짊어졌지만 정치적 자유, 경제적 자유, 삶의 선택의 자유는 거의 주어지지 않은 전근대 봉건 사회에서 살았기 때문일 것이다. 그들에게 남은 것은 실존적 자유였다. 실존적 자유를 얻는다는 것은 먼저 사회 규범을 통해 자신의 감정과 사고를 다루는 법을 배운 다음, 자신의 감정과 사고를 통해 스스로의 자율성과 도덕적 나침반을 확립하여 거꾸로 사회의 규범을 초월하는 것을 의미했다.

　그럼에도 불구하고 실러가 도덕적인 사람만이 정치적 자유를 감당할 수 있다고 썼을 때, 그가 의미한 바는 바로 책임감이었다. 사회의 가치와 규범과 함께 옳고 그름에 대한 자율적 감정에 따라 책임질 수 있어야만, 자유를 누리고 정치적 자유를 다룰 수 있게 되는 것이다.

　비록 정치적 측면을 배제하고 있지만, 다른 관점에서 바라보는 발달 심리학의 중심에도 같은 개념이 자리 잡고 있다. 우리는 자신의 한 부분을 책임짐으로써, 다른 부분의 자유를 추구할 수 있게 된다. 좌절과 분노를 조절하는 방법을 배워야 동료들과 좋은 시간을 같이 보내는 친구가 될 수 있다. 눈앞의 이득을 포기해야 오랫동안 친구관계를 유지할 수 있고, 성적 욕구를 억제할 수 있을 때 충실한 파트너로서 배우자와 같이 사는 데서 얻는 자유를 누릴 수 있다. 더 나아가 그 관계를 더 발전시키고 스스로 책임감을 가지고 자신의 몫을 감당할 때, 우리는 상대에게 자유를 주는 존재가 된다.

　빌둥은 이렇게 책임감과 주체성을 성장시키는 것에 대한 인식을 발달시키는 것이다. 그로 인해 자신을 위해 더 큰 자유를 추구하고 다른 사람들의 자유를 위해 자신을 개방할 수 있게 된다. 우리는 주체적으로 더 큰 책임감을 느낄수록, 다른 사람들과 함께 더 많은 자유를 만들어 나갈 수 있다. 마찬가지 이유로 다른 사람들이 더 많은 책임을 질수록, 우리는 더 자유로워질 수 있다.

우리는 책임을 지면서 신뢰를 얻는다. 그리고 사회 전반에 걸쳐 서로에 대한 신뢰를 극대화함으로써 사회와 기관들을 신뢰할 수 있게 된다. 이러한 책임과 신뢰, 믿음을 바탕으로 우리는 부패하지 않은 관료와 제도를 가질 수 있고, 정치적 자유, 개방 사회, 민주주의, 근대성을 이루어 낼 수 있다.

빌둥이 직접적으로 내세우는 자유는 개인의 실존적 자유다. 정치적 자유와 경제적 자유는 부수적 결과일 뿐이다. 이로 인해 많은 사람이 빌둥이 자유의 개념이라는 것을 이해하기 어려워한다. 사람들이 전형적으로 이해하는 자유는 언론의 자유, 양심의 자유, 집회의 자유 등과 같은 정치적 자유, 즉 국가로부터의 자유이다. 특히 앵글로색슨족과 미국인들은 자유에 대한 정치적, 자유주의적 개념에 너무 사로잡혀 다른 관점에서의 자유를 놓치는 경향이 있다. 빌둥은 자유이지만, 진보적 관점의 정치적 자유와는 간접적으로 관련되어 있을 뿐이다. 그러나 빌둥 없이는 정치적 자유의 개념도 없을 것이다. 빌둥은 생물학적 본능, 자신의 감정, 부모와 다른 어른들의 도덕적 조언, 사회의 규범 등으로부터 덜 통제받을 때 더 잘 자라나는 자유다. 정부나 다른 사람으로부터의 자유가 아니라 자율과 통합이다. 즉 빌둥은 사회적, 문화적 맥락에서의 자유이고, 윤리적으로 옳은 일을 행동으로 옮기는 내면의 자유다. 이는 미래를 더 멀리 바라보고 사회를 더 넓게 바라보는 성숙한 시선으로 옳다고 느끼기 때문에 행동으로 옮기는 자유다. 더 멀리, 넓게 보는 시선으로 사회를 이해하고 정서적 의무와 책임을 느낄수록 우리는 더 큰 것들에 대해 책임지는 실존적 자유를 누리게 된다. 이는 사소한 것들로부터의 자유이기 때문에 개인적 자유에 대한 침해로 느껴지지 않는다.

발달 심리학은 의식에 대해 많은 것을 설명하지만, 실존적 차이를 만드는 것은 양심이다. 특히 주변 환경에 대한 양심이다. 사람들과 세상의 이슈들을 인식하는 능력뿐만 아니라 실제로 이에 대한 책임감을 느끼고 주변을 변화시킬 수 있는 방법을 아는 것은 중요하다. 이러한 책임감은 빌둥과 함께 형성되며, 자신의 양심에 따라 유용한 일을 할 수 있는 능력도 빌둥과 함께 만들어진다.

책임감(re-spons-ibility), 양심(con-science), 의식(con-scious-ness)의 어원을 살펴보면, 빌둥이 왜 핵심인지 알 수 있다.

책임(re-spons-ibility)의 핵심에는 'spons'가 있는데, 이는 '내가 약속한다(I promise)'를 의미하는 라틴어 'spondo'에서 유래한다. 're-'는 반등이나 상호 호혜성의 뜻이 담겨 있고, '-ibility'는 기본적으로 능력, 즉 힘이나 역량을 뜻한다. 그래서 책임이란 호혜성을 약속하고 그 약속을 지킬 수 있는 능력을 의미한다.

양심(con-science)은 '함께(with)'를 뜻하는 라틴어 'con'과 '알다(I know)'를 뜻하는 라틴어 'scio'에서 유래했고, **의식**(consciousness)과 같은 어근을 가지고 있다. 그렇다면, 만약 이 두 단어가 모두 'I-with-know' 또는 'I-co-know'를 의미한다면, '의식'과 '양심' 사이의 중요한 차이점은 무엇일까? 의식(Consciousness)의 '-ness'는 어떠한 '상태'임을 뜻하는 반면 양심(conscience)의 '-ience'는 행동을 지칭하는 것으로 활동으로 수행하고 있는 그 무엇을 의미한다. 따라서 의식은 '내가 알 수 있는 것'이고, 반면에 양심은 '내가 어떻게 반응하는가'로서 우리를 바로 책임감으로 연결시킨다.

의식은 우리가 세상에 미치는 영향과 아무 연관이 없다. 그것은 오로지 우리 마음속에 머물러 있다. 양심은 소명이며 다른 사람들과의 관계이자 세상과의 관계이다. 그리고 모든 인간관계의 핵심에 놓여 있는 무언(無言)의 상태에 대한 감성이다. "네가 있기에 내가 있다." 나의 사람됨(humanity)은 그들이 나를 보고, 내가 그들을 보고 그들과 관계를 맺는 것을 통해 드러나게 된다. "내가 있기에 네가 있다. 그리고 나는 널 해쳐서는 안 된다." 내가 실수로 너를 다치게 할 수도 있지만, 다치지 않게 하는 것은 나의 책임이다. 내가 자각하고 있는 지식을 활용하여, 어떤 상황에서나 최선을 다해 너와 나의 존엄성을 지키고 내 주변 세계의 웰빙을 책임을 지는 것은 내 양심이 나에 주는 소명이다.

내면의 소명, 양심, 책임, 의식을 키우는 것이 '빌둥'이다. 더 높은 의식은 우리가 세계를 더 넓게 인식함과 동시에 더 세세한 내용을 이해할 수 있게 해준다. 더 큰 책임감은 세상에 더 큰 약속을 하게 하고, 더 큰 양심은 약속을 지키고 변화를 만들어내도록 요구한다. 빌둥은 이 모든 것들에 더불어 이를 올바르게 해내는 데 필요한 지식과 스킬까지 포함한다. 이것이 정규 교육이 필요한 이유이다. 우리는 정규 교육을 통해 그 스킬을 개발해야 하고, 정규 교육을 소명을 심화시키는 역량과 연결시켜야 한다. 우리는 내면의 소명에 반응함으로써 깊은 정서적 만족을 얻는다. 책임감이 그렇듯이 양심은 세상을 변화시킨다. 그러나 의식 그 자체만으로는 가능하지 않다.

이러한 실존적 자유와 책임감을 일상에서 행동으로 옮길 때 우리는 신뢰를 쌓을 수 있다. 신뢰와 책임은 동전의 양면과 같으며 이는 증

빌둥에서 배운다

가된 실존적 자유와 빌둥의 산물이다. 빌둥은 미학과 웅장한 서사와 예술을 통해 우리에게 감동을 주고 양심을 깨워 행동하도록 한다. 이러한 내면의 작동 체계가 바로 노르딕 문화를 형성하였다. 점점 더 복잡해지는 사회와 테크놀로지와 글로벌 문제들에 직면한 우리는 그 어느 때보다도 이러한 능력이 필요하다.

민족주의, 애국주의, 민족 우월주의

낭만주의적 민족주의는 슈투름 운트 드랑과 독일 빌둥 철학자들의 관념론으로부터 진화했다. 부르주아 독자들에게 다른 곳에서 무슨 일이 일어나고 있는지 알게 해 준 신문의 등장도 큰 몫을 하였다. 정치적 자유와 민주주의를 가진 민족 국가가 신분 제도에 기반한 봉건 사회를 대체하게 되면서 전 국민이 공유하는 국가의식과 민족의식을 창출하는 것은 매우 중요해졌다.

1848년과 1864년에 일어난 두 번의 전쟁으로, 덴마크의 민주주의와 민족주의, 즉 '덴마크인'이라는 감성이 폭발적으로 확산되었다. 그 이후로 덴마크 사람들은 '덴마크인다움'에 푹 빠져들었다. 어떤 사람은 덴마크의 민족주의가 이웃 국가들에 어떤 문제도 일으키지 않은 유일한 이유는 덴마크가 작고 약하기 때문이라고 주장할 것이다. 이 주장이 맞을 수도 있지만, 또 다른 두 개의 국경 관련 이슈들은 매우 다른 이야기를 전하고 있다.

첫 번째 이슈는 온건한 덴마크의 민족주의에 불을 지폈던 독일과의 국경에 대한 것이다. 이 국경은 덴마크의 민족주의를 불러일으켰던 바로 그 국경이다. 덴마크는 참여하지 않았던 제1차 세계대전이 끝난 후에 슐레스비히와 홀슈타인이 덴마크 땅이라는 것을 주장하고 차지할 수 있는 가능성이 있었다. 하지만 덴마크는 덴마크인다움을 느끼고 있는 사람들이 사는 지역만을 차지하길 원했다. 이에 따라 슐레스비히-홀슈타인 사람들이 스스로 투표를 치루었고, 그들의 정체성에 따라 국경선이 그어졌다. 그 결과 독일 쪽에는 덴마크인들이 소수 집단으로, 덴마크 쪽에는 독일인들이 소수 집단으로 존재하게 되었다. 그 후 두어 세대 동안에는 두 민족은 잘 섞이지 못했다. 그러나 오늘날에 와서는 양측의 소수자 민족은 스스로를 독일인인 동시에 덴마크인이라 여기고, 양측의 다수자 민족에 속하는 사람들은 '국경 지대의 정체성'을 공유하고 있다. 2020년에는 국경 설정 100주년을 맞이하여 양측이 모두 축하하기도 하였다.

두 번째 덴마크의 전혀 위협적이 않은 민족주의 국경에 관한 이야기는 아이슬란드와 관련이 있다. 덴마크에 속해 있던 아이슬란드는 1874년에 독자적인 헌법을 가지게 되었고 1918년에 덴마크 왕정으로부터 독립을 인정받았다. 그리고 덴마크가 나치에 의해 점령되었던 기간(1940~1945) 중인 1944년에 아이슬란드는 공화국으로 선포했다. 이에 덴마크는 전쟁이 끝난 후 아이슬란드의 수도 레이캬비크를 침공하였으나 반란군들을 죽이지는 않았다. 대신에 덴마크는 '뭐 그렇다면, 그렇게 하지'라는 식의 반응을 보였다. 덴마크와 아이슬란드는 평화적으로 분리되었고 공유하는 역사적 뿌리는 온전히 이어졌다. 그러나 대규모 이민을 받아들이면서 덴마크 민족주의는 전형적인 민족주의적 우월주의의 형태를 취하게 되었다.

1) 민주주의와 민족성

글로벌화와 이주(移住)에 대처하고 사회적 안정을 확보하기 위해서는 민족주의와 민족성에 대해 더 섬세하게 이해할 필요가 있다.

만약 서양의 조상들이 역사, 언어, 문화, 민속, 민족에 대한 전반적인 서사를 중심으로 강한 민족적 정체성을 발전시키지 않았다면, 그리고 공유하는 세계관과 의미 구성을 만들어 확산시키지 않았다면, 오늘날의 민주주의는 불가능했을 것이다. 우리가 수백만 명의 낯선 사람들을 위한 교육, 의료, 국방, 도로, 법원, 공원, 경찰, 쓰레기 수거 등등을 감당하기 위해 기꺼이 세금을 내는 이유는 우리는 하나의 국가로서 서사와 서사로부터 생성되는 정신을 공유하기 때문이다. 이를 통해 우리는 민족성이 주는 느낌을 경험하고, 의미 구성의 체계와 상징들을 공유하며 운명을 같이한다는 느낌을 갖는다.

이런 민족성이 무너진다면 우리의 민주주의와 개방 사회도 무너질 것이다.

민족 국가가 주권적 정치 실체로서 필요한 이유는 민족 국가는 사람들이 모국어로 말할 수 있게 하는 가장 큰 법적 실체라는 것이다. 그리고 민족 국가는 대부분의 사람들이 모국어로 표현하고 일하고 조직화하고 토론하고, 서로 영향을 주고받는 것을 가능하게 하는 가장 큰 민주적 실체이다.

이러한 성취는 국가들의 언어 균질화 노력의 산물이기도 하다. 예를 들면 과거 프랑스는 브르타뉴어(Breton language), 리무쟁어(Limousin language), 가스코뉴어(Gascon language)와 같은 별도의 언어를 가지고 있었다. 그러나 프랑스 혁명 이후, 특히 1880년대 이후 공립 학교들을 의도적으로 그랬을지는 모르지만, 불어 외의 언어들은 점차 사용되지 않아 사라지게 되었다. 영국은 4개의 민족(영국, 스코틀랜드, 웨일스, 북아일랜드)으로 구성된 다민족 국가이다. 각각의 민족은 그들만의 언어와 민족성을 가지고 있지만, 하나의 왕국으로 통합되었다. 그 왕국의 이름은 잉글랜드이고, 영어를 공용어로 사용한다.

모국어를 공유하지 않는 국가들의 민주주의는 취약한 경향이 있다. 복잡하고 중요한 문제들에 대해 유창하고 섬세한 방식으로 의사소통을 할 수 없다면 의미 있는 민주적 논쟁은 불가능하다. 복수 언어를 사용하는 국가는 적어도 하나의 공통 언어를 공유하는 데 필요한 교육 비용을 기꺼이 지불해야 한다. 그렇지 않으면, 민주주의와 정치적 안정을 이뤄내는 과정은 험난할 것이다. 인도는 영어로 국가를 통합했고, 남아프리카 공화국도 같은 노력을 하고 있지만 전 국민의 언어 숙련도는 낮은 편이다. 두 국가는 민주주의를 발전시키기 위해 분투 중이다. 우간다의 공용어 또한 영어지만 대부분의 성인들은 영어를 거의 사용하지 않고 있다. 공식적으로 민주주의 국가임에도 불구하고, 실제로는 독재 국가이다. 벨기에는 네덜란드어를 사용하는 개신교 플랑망어(Flemish, 벨기에 북부 지역에서 쓰는 네덜란드어, 59%)를 사용하는 개신교들이 사는 북쪽과 가톨릭 왈롱 사람(Walloons, 프랑스 방언의 하나, 40%)이 사는 남쪽으로 구성되어 있다. 그리고 독일과 국경을 접하고 있는 1% 정도의 소수 독일어권 인구도 있다. 벨기에는 수년 전에 535일 동안 정부가 없는 상태였던 적도 있다.

영어권 국가에서 온 사람들은 영어를 쓰면서 세계의 대부분을 여행하고 그럭저럭 잘 지낼 수 있다. 그러나 비록 같은 언어를 모국어로 사용하는 나라에 이주하여 정착한다 하더라도, 그 외지인이 그 나라를 한데 묶어주는 의미 구성, 상징적 세계관, 국가의 서사 등에 참여하고 동화된다는 것을 뜻하지는 않는다. 자신이 태어나고 자란 나라가 아닌 다른 나라에 완전히 동화된다는 것은 그 나라의 언어와 정신을 배우고 세계관을 공유하고 국가의 서사를 자신의 것으로 만드는 것을 의미하기 때문이다. 그렇다고 이러한 문화적인 통합 없이는 책임감 있는 충성스런 시민이 될 수 없다는 뜻은 아니다. 얼마든지 국가의 법을 지키고, 세금을 내고, 훌륭한 동료이자 친구이고, 지역 사회에 이바지할 수 있다. 다만 법을 지키며 문화에 동참하고 암묵적인 규칙에 따라 기여하고 그 나라의 역사와 서사를 배울 때, 그 나라의 정신을 흡수하고 그 민족의 어엿한 일원이 되는 것이 가능할 것이다. 인도로 이주하는 대부분의 미국인은 자기 주변에서 일어나는 일을 이해하는 데에는 별 문제가 없을 것이다. 그러나 인도인의 정신을 터득하는 것은 아마 시간이 좀 걸릴 것이다.

이주해서 다른 문화권에 살아본 경험이 없는 사람들이 오해하는 것은, 인간은 오직 하나의 정신을 가지고 있고 따라서 내면적으로 단 하나의 문화를 수용할 것이라는 점이다. 이는 포크빌둥 1.0의 주장과 일맥상통한다. 그러나 바로 이 때문에 빌둥스라이즈(bildungs-reise), 즉 빌둥 여정(bildung journey)의 개념이 필요하다. 외국으로 이주해 그들의 문화를 배경으로 살아감으로써 우리의 의식은 진화한다. 문화 급진주의에 해당하는 포크빌둥 2.0은 이 사실을 반쯤은 이해를 했고, 아웃사이드-인(outside-in) 관점으로 한 개인의 첫 번째 문화와 정신을 밖에서 안으로 들여다볼 필요성을 인식시키는 데 성공했다. 그럼에도 불구하고 이중문화나 다문화적 내면을 가지는 것이 얼마나 가치 있는지를 알아내지 못했다. 포크빌둥 2.0은 하나 이상의 정신과 인식론을 가질 수 있다는 것을 깨닫지 못한 것이다. 한 사람은 하나 이상의 언어와 상징 세계에서 의미를 구축할 수 있고 이중, 삼중, 그 이상의 의식도 가질 수 있다.

미국의 사회학자며 역사학자이자 시민권 운동가인 W. E. B. 듀

보이스(Willian Edward Burghardt Du Bois, 1868~1963)는 '이중 의식(double consciousness)'이라는 용어를 만들어냈다. 그리고 1993년에 발간한 책 『검은 대서양: 근대성과 이중 의식(The Black Atlantic - Modernity and Double Consciousness)』에서 영국의 역사학자 폴 길로이(Paul Gilroy, 1956~)는 이중 의식을 잘 묘사하였다. 이 책에서 길로이는 대서양 횡단 노예 무역의 여파로 형성된 아프리카인 정체성, 특히 대서양을 둘러싼 카리브해 지역과 이 주변 국가들의 소수 민족의 정체성에 대해 탐구했다. 길로이는 특히 유대인들의 이중 의식에 관심이 많았다. 그가 탐구한 것은 소수 민족에 속하기 때문에 끊임없이 다수의 문화와의 관계 속에서 자신을 찾아야만 하는 사람들이 각성된 자아의식과 문화의식이라는 이중 의식을 형성하는 과정이었다. 다수로부터 오는 억압과 편견과는 별개로 이중 의식은 소수자들의 깊은 의식을 수용하지 못하는 단일문화적 문화(mono-cultural culture)에 둘러싸인 좌절감을 수반한다.

오늘날 우리는 글로벌화, 디지털화된 후기 산업화 시대에 살고 있다. 언젠가는 우리는 다른 인식론과 문화적 사고의 틀을 가지고 오는 이주민들과 함께 살거나, 우리가 그 이주민이 될 수도 있다. 그리고 민족의식을 공유하는 시민들이 사는 민주국가가 잘 작동되는 것이 매우 중요하다. 따라서 새로운 포크빌둥이 필요하다. 포크빌둥 3.0은 우리로 하여금 이중 의식을 개발하고 민족주의에 대해 다시 생각할 수 있게 해 주는 정신이어야 한다. 새로 온 사람들에게 우리의 로컬 '정신'을 개방할 필요가 있으며 우리 또한 어느 다른 곳에 새로이 정착하는 사람이 되어 볼 필요가 있다.

2) 다시 생각해보는 민족주의

『북유럽의 비밀』에서 토마스 비요크만(Tomas Bjorkman)과 나는 민족 주의와 애국심을 아래와 같이 다시 정의하고 세 번째 개념으로 '민족 우월주의'를 추가할 것을 제안했다.

- 우리의 새로운 정의에 따르면, **민족주의**는 번영하는 민족 국가 (nation-state) 민주주의의 근간인 문화적 프로세스이다. 민족의 연대와 소속감은 포크빌둥, 전반적인 빌둥(overall bildung), 공식 교육과 함께 계발되어야 하고 문화유산을 실천하고 이어 나가면서 길러져야 한다. 새로운 나라에 잘 적응한 이민자라면 누구나 그 문화에서 민족주의자가 될 수 있고, 한 개인으로서 우리는 하나 이상의 나라에 대해 민족주의자가 될 수 있다. 우리는 민족주의로 국가들과 민족들의 정체성을 파악한다. 그리고 민족주의는 모든 이민자들에게 개방되어 있다. 그리고 우리가 세금을 내고 공공기관에 대한 의무감을 느낄 정도로 서로를 신뢰할 수 있으려면 민족주의가 필요하다. 이러한 의미에서 민족주의는 포용적이며 소속감을 확장시켜 주어 가족, 마을, 또는 라이프스타일이나 가치를 공유하는 사람들의 집단보다도 더 큰 집단에 속한다는 의식을 준다. 이런 확장된 소속감과 포용적 민족주의가 없이는 민주주의 국가로서 기능할 수 없을 것이다.
- **애국심**(patriotism)은 아버지를 의미하는 'pater(father)'에서 유래한 용어로서 우리의 조상들과 우리의 '조국(patria)'을 가리킨다. 이민자의 자녀들과 부모가 다른 나라에서 자랐기 때문에 두 개의 조국을 가질 수도 있지만, 일반적으로 대부분의 사람은 하나의

조국만 가지고 있다. 이는 어찌할 수 없는 사실이기에 애국심은 배타적이라 할 수 있다. 하지만 위에서 정의한 민족주의는 포용적이다. 애국심은 우리를 감정적으로나 문화적으로나 한 곳에만 깊이 뿌리내리게 한다.

• **민족 우월주의**(National Chauvinism)는 민족주의와 애국심이 왜곡된 개념이다. 이는 '우리 대 그들'의 사고방식으로, '그들'에 기준을 두고 '우리'를 정의한다. 위에서 제시한 민족주의와 애국심의 정의에 의하면 소속감과 집단적 자아가 진화하는데 '그들'이 전혀 필요가 없다. 애국자들은 공동유산을 중심으로 모이고, 민족주의자들은 그 유산을 발전시키고 새로운 사람들을 초대하기 위해 모인다. 문제가 되는 것은 민족 우월주의의 '우월주의'이며, 이는 다른 모든 우월주의가 가지고 있는 문제점과 동일하다.

이러한 재정의는 오늘날 정치학자들을 포함한 대부분의 사람이 사용하는 민족주의와 애국심의 의미와 다르기 때문에 어느 정도의 혼란은 있을 것이다. 그러나 애국심을 가족 혈통과 터, 그리고 이에 닻을 내린 역사에 깊이 박혀 있는 뿌리로 보는 것이 더 타당하다. 그리고 민족주의를 민족으로서의 정체성과 소속감을 원하는 사람들을 모두 존중하고 포함하는 의미 구성의 수평적 네트워크로 이해한다. 이 용어들을 재정의하고 새롭게 이해함으로써 우리는 변혁과 이주(移住)의 시대에 안정적이고 문화적 응집성이 있는 사회를 창조할 수 있는 풍성한 기회를 얻게 될 것이다.

위에서 정의한 민족주의는 한 국민으로서 국가를 자랑스럽게 여기고, 마음속 깊이 받아들이고, 유대감을 느끼고, 헌신할 수 있게 하며, 다른 사람들을 초대할 수 있게 한다. 그 축하 행사에 참여하기를 원하는 모든 사람을 환영하고 이웃이나 소수자를 배제하지 않는다면, 민족 국가의 문화유산을 당당하게 기념하는 것은 수치스러워 할 일이 아니다.

3) 다시 또 생각해보는 민족주의

이렇게 민족성을 강화시키는 것은 다민족 국가에서는 매우 어려운 일이다. 특히 한 민족 집단이 다른 민족 집단을 박해한 역사가 있는 경우에는 더욱 그러할 것이다. 하나로 응집된 국가를 만드는 전통적인 방법은 비주류의 언어, 정신, 인식론, 전승 지식(lore), 서사, 문화유산 등을 소멸시키고 이러한 과거의 유산을 이어받은 사람까지 말살해 국가, 국민, 정신을 균질화하는 것이었다.

하나의 민주주의 정치체제 안에서 국가적 응집성과 민족성 다양성이라는 이율배반(二律背反)을 포용해야 하는 문제는 고르디우스의 매듭(대담한 방법을 써야만 풀 수 있는 문제)과 같은 난제이기 때문에 발상의 전환이 필요하다. 이를 위해서는 발달 심리학, 빌둥철학, 이중 의식, 포크빌둥 등이 유용하다는 것을 경험을 통해 이해하는 것이 선행되어야 한다.

발달 심리학과 빌둥 철학에 의하면 인격 형성기에는 강하고 명확하고 문화적으로 일관된 '우리'가 필요하다. 이를 실러는 '이성적 인간', 페스탈로치는 '시민빌둥(Civic Bildung)'이라 불렀다[16]. 청소년에 해당하는 시기에는 자신만의 소속감과 연대감을 형성하기 위해서 우리에 대항하는 '그들(나쁜 상대)', 즉 '우리 대 그들'의 사고가 필요하다. 우리는 우리

---

16 역자 주: 시민빌둥은 포크빌둥보다는 더 협의의 개념으로서 주로 정치적 맥락에서 사용된다.

부족을 식별하고 보호할 수 있기 위해서 생물학적으로 적을 찾을 완벽한 준비가 되어 있다. 선사 시대 원주민 공동체에서 어린이가 어른으로 성장하는 과정은, 인구 밀도와 성별에 따라 다르겠지만, 전사(戰士)가 되는 것이었다. 그리고 유년기의 자기 통합적 마인드로부터 어른의 자기 통치적 마인드로의 전환은 내집단 구성원들과 뭉쳐서 외집단을 경멸함으로써 정서적 보상을 받는 것을 의미한다.

이러한 '우리 대 그들'의 의식은 존 웨인의 서부극 영화에서 '선한' 정착민들이 '악당' 인디언들에게 공격받는 모습과, 많은 할리우드 액션 영화에서 아랍인들이 테러리스트로 등장하는 것에서 발견할 수 있다. 미국의 총기 논쟁에서 많은 사람은 세계를 '선한 사람들과 나쁜 사람들'로 나누고 "총을 가진 악당에 대한 최선의 대응은 총을 가진 선한 사람이다"라고 믿는다. 유럽의 반파시스트 좌파는 아이러니컬하게 자신들이 반대하는 파시스트들과 정확히 똑같은 폭력, 흑·적·백의 미학, 가면을 쓴 익명성을 고수하고 자신들이 부정하는 것에 기반하여 스스로를 정의한다. 이런 모습은 정체성주의적(identitarian) 민족 우월주의 운동, 급진적 페미니즘, 여성을 비인간화하는 비자발적인 독신주의자들(incels), 그리고 칼리프 국가들(Caliphate)을 위한 투쟁에 참여하기 위해 다에시(이슬람국가, IS)에 가입하고 시리아로 가는 젊은이들 사이에서 발견된다. 그리고 훌리거니즘(hooliganism), 동성애 혐오, 이슬람교 혐오, 반유대주의, 반시온주의 등에서도 같은 모습이 발견된다. 구약성경은 이스라엘 자손에게 가나안족을 없애라고 말하고, 코란은 무슬림에게 비신자들과 싸우라고 말하고, 기독교 세계가 예수의 처형에 대해 유대인을 계속 비난하는 것은 모두 '우리 대 그들' 의식의 반영이다.

위의 모든 예들이 보여주는 것은 타 집단(The Other)을 악마화하는 것이, 전근대 종교, 근대 국가, 대학 캠퍼스에 대한 포스트모던 운동 등을 포함한 다양한 움직임들이 내집단의 자기 통치적 구성원들을 배출하는 가장 일반적인 방법이라는 점이다. 시대에 걸쳐 발견되는 공통점은 '우리'와 '그들'로 나누는 사고 관점이 청소년기의 마음을 잡아끈다는 것이다. 유소년기의 자기 통합적 껍질을 벗어 던지고 '우리는 착한 사람들'이라는 집단 내의 규범과 가치관에 자신의 자아를 완전히 맡기는 자기 통치적 청년으로 부상할 수 있다는 점은 그들에게는 매우 매력적일 것이다.

그러나 우리 시대의 독특한 점은 제2차 세계대전과 UN 인권 선언 이후 국가 차원에서 더 이상 이러한 인간성을 파괴하는 부족적 사고를 수용하지 않는다는 것이다. 제대로 작동하는 교육제도를 가진 자부심이 있는 민주주의 국가라면 더욱 그럴 것이다.

4) 네 가지 민족주의

만약 헤르더(Herder)의 인간 발달 단계 관점으로 민족 국가와 자아의 집단적 의식을 자기 통합적, 자기 통치적, 자기 주도적, 자기 변혁적 단계로 구분하여 이해한다면, 우리는 민족주의의 미묘한 차이를 더 잘 이해할 수 있을 것이다.

- **자기 통합적 민족주의**는 민족 우월주의의 전형적인 모습이다. "우리는 당신들보다 낫기 때문에 더 많은 천연자원과 정치적 권력을 가질 권리가 있고 우리를 위대하게 느끼게 하는 것이라면 전쟁을 포함해서 무엇이든 할 권리가 있다"라고 생각한다.
- **자기 통치적 민족주의**는 겉으로는 평화롭지만, 속으로는 이방인을

혐오하는 제노포비아이다. 다른 민족 국가의 주권을 무시하는 시대는 지났다. 그러나 한 민족으로서 불안정한 상태에 있기 때문 내부적으로 안전감을 가질 수 있도록 사람들을 동질화해야 한다.

- **자기 주도적 민족주의**는 역사적, 문화적 뿌리에 대해 자신감이 넘치고 그 독특함과 문화유산을 즐긴다. 때때로 이를 자랑하는 것을 마다하지는 않지만 다른 민족과 국가의 문화에 대해서도 호기심을 갖는다. 자기 주도적 민족주의를 증진하기 위해서는 문화를 창조하고 제도화하여 유산으로 남기는 자기 주도 활동을 강화시켜야 한다. 그리고 현재의 문화적 유산에 도전하기 위해 새로운 아이디어를 적용하고 의문을 제기하며 다양한 방법을 시도해 보아야 한다.

- **자기 변혁적 민족주의**는 다른 나라의 민족주의가 자기 주도적 단계로 진화하는 것을 도울 수 있다고 자신한다. 제2차 세계대전 이후 마셜 플랜이 유럽에 그러한 역할을 일부분 수행했다고 볼 수 있다. 유럽의 민주화, 산업화, 교육에 대규모로 투자하였고, 문화에도 일부 투자했다. 노쇠한 유럽은 회복이 필요했고, 미국의 국무장관 마셜은, 만약 아무도 사랑과 호의를 베풀지 않으면, 유럽은 모든 사람에게 골칫거리로 남으리라는 것을 깨달았다.

자기 통합적 민족주의는 덴마크와 비스마르크가 슐레스비히-홀슈타인을 두고 싸운 방식이자 대부분의 현대 민족 국가들이 탄생한 방식이다. 자기 통치적 민족주의는 브렉시트(Brexit)에서 나타난다. 영국은 전쟁을 저지르지 않을 정도로 성숙해졌지만, 아직 유럽 연합(EU) 내에서 자기 주도적인 역할을 수행할 수 있는 정도의 상상력을 가지고 있지 않다. 현대의 민주적인 사회로서 우리는 자기 주도적인 관용과 성숙을 정치적 리더십과 국가에 기대한다. 이러한 기대가 실현되지 못한다면, 이는 매우 안타까운 상황이다. 개인이든, 민족이든, 국가이든, 우리가 자기 주도의 단계에 있다면 도덕적인 관점에서 우리의 존재를 잘 이해하고 있을 것이다. 그리고 우리가 누구인지 알아내기 위해 적이나 다른 편은 필요하지 않을 것이다. 우리는 우리만의 이야기를 저술할 뿐 자기 주도적 민족 국가로서 주변국을 거울로 삼을 필요가 없을 것이다. 그러나 문화적, 종교적 소수자 집단들의 다양성과 복잡성의 가치를 인정할 줄 알아야 할 것이다.

5) 이민

만약 우리가 빌둥 노력을 지속하고 우리 문화를 알려서 다른 사람들이 쉽게 접근할 수 있도록 애를 쓰지 않는다면, 대규모 이민은 우리의 자기 주도적 민족주의를 위협하게 될 것이다. 모든 사람들이 보편적으로 준수하는 공유된 인식론과 도덕규범 없이는 오해와 불안감이 커질 것이다. 빌둥이 부족하면 소셜 패브릭은 분해되기 마련이다. 특히 개인들이 자기 통치의 단계에 살면서 내면의 도덕적 나침판이 아니라 외부 환경으로부터 도덕적인 안내(guide)를 받는다면, 다문화 사회는 그 자체에 내포된 혼란으로 허덕일 뿐만 아니라 사회의 갈등은 개인의 내면에 고통으로 자리 잡을 것이다. 자기 통치적 개인들은 내집단 충성심이 필요한지 의문을 품게 되고, 결과적으로 사회 내에서 의지할 수 있는 가장 안전한 공간은 소규모 지역 사회와 부족과 같은 동질적 집단이라고 결론지을 것이다. 따라서 이민의 도전에 직면한 자기 주도적 민족주의 국가는 빌둥과 포크빌둥을 통해 지역문화와 인식론에 내재된 공유하는 의미 구성을 강화시켜야 한다. 만약 그렇지 않다면, 그들은 자기 통치 단계의 불안한 국가가 될 뿐만 아니라 자기 통합적 단계의 부족(tribe)으로 전락할 위험을 안고 있는 셈이다.

6) 다민족 국가

이러한 관점에서 볼 때, 다민족 국가에게는 두 가지 선택지가 주어진다. 첫 번째 대안은 역사적 상처가 너무 깊고 고통스러워서 함께 지내는 것은 불가능하기 때문에 각 민족이 각자의 국가를 가지는 것이다. 다른 대안은 복수의 민족들이 너무 복잡하게 뒤섞여 있으니 다민족적 구성에 대해 공유할 수 있는 서사를 발전시켜 이를 기반으로 자기 주도적 국가로 발전시킬 필요가 있다.

인도는 이 두 가지를 모두 담은 예이다. 파키스탄과 방글라데시 지역은 모두 각각 국가로 독립하였다. 인도의 나머지 지역에서는 간디 이후 현대적 인도인 의식이 형성되어 왔고 이에 힘입어 그들은 1947년에 영국을 쫓아내는 데 성공했다. 그 이후 인도, 파키스탄, 방글라데시는 아직도 수많은 인종과 종교적 소수자 집단으로 구성된 민족과 민족 국가가 된다는 것이 무엇을 의미하는지 이해하기 위해 애쓰고 있다.

르완다는 최근의 대량 학살에도 불구하고 민족 국가로 남아 있다. 르완다는 의도적으로 새로운 서사와 공유된 정체성을 만들어내기 위한 노력을 경주하고 있다. 그 중 하나는 모든 르완다 사람들이 매달 토요일에 한 번씩 거리 청소에 참여한다.

하나 이상의 민족으로 이루어진 국가로 지속되는 것은 쉽지 않다. 남아프리카 공화국은 아파르트헤이트(Apartheid) 종식 이후에 하나의 나라로 남아있는 것 이외에 미래에 대한 답이 없었다. 그들은 심사숙고 끝에 진실과 화해의 프로세스를 고안해냈다. 이 놀라운 과정은 매우 독창

적이면서 인상적인 서사로 시작되었다. 그들의 헌법에 따르면 남아프리카 공화국은 평등, 인권, 자유의 증진에 가치를 둔 주권 민주주의 국가이다. 그러나 그들은 이러한 가치들을 증진시키기 위해 많은 노력을 하지 않았다. 그들은 자기들의 스토리를 바닥에 내 팽개쳤고 또 다시 나라가 분열되고 있는 것으로 보인다.

7) 자기 주도의 혜택

실러에 따르면, 오직 자기 주도를 추구하는 도덕적인 사람만이 정치적 자유를 다룰 수 있다. 자기 주도 단계의 사람은 자기 내면을 바탕으로 주변과 조화를 이루며 자신만의 삶의 길을 개척할 수 있는 독특한 능력이 있다. 만약 민족들과 민족 국가들이 자신들과 세계를 위해 그렇게 할 수 있다면 우리는 놀랍고도 풍요로운 세상을 만들 수 있을 것이다.

만약 민족들과 민족 국가들이 자기 변혁을 통해 세계 전체와 다른 민족과 민족 국가들에 미치는 영향을 이해하고 전 세계적으로 지속 가능한 경제와 정치, 그리고 다른 영역의 발전에 기여할 수 있다면, 인간 종족의 운명은 달라질 것이다. 이렇게 하는 것이 장래에 발생할 팬데믹을 피할 수 있는 유일한 길일 것이다.

이러한 관점에서 보면 미국이 미국만의 고유성을 높게 평가하고, 덴마크가 덴마크만의 고유성을 높이 평가하는 것은 마땅한 일이다. 이는 인도, 파키스탄, 방글라데시, 브라질, 팔레스타인, 이스라엘, 티베트, 베트남 등등 세상의 모든 곳에서도 마찬가지이다. 자기 통합적 또는 자기 통치적 민족 우월주의가 아니라 반드시 개방적이고 관용적이며, 자기 주도적인 새로운 개념의 민족주의여야 한다.

이 길로 가는 방법에는 적어도 두 가지가 있다.

- 개개인의 빌둥, 해방, 이중 의식에 대한 이해와 존중
- 포크빌둥에 대한 대규모 투자: 문화유산, 서술, 문학, 철학, 언어, 역사, 인권, 새로운 테크놀로지, 글로벌 도전 과제 등을 중요하게 여기고 질문 기반의 열린 대화에 초점을 둔 더 수준 높은 초중고 등학교들와 폴케호이스콜레와 주민센터

'교육과 빌둥'은 민족주의가 자기 주도 단계에 이르고 다문화적 빌둥에 기반한 이중 의식이 개발될 때까지 지속되어야 한다. 이러한 여정이 바로 인생학교일 것이다. 이러한 목표를 가진 민족주의를 촉진하는 것은 다음과 같은 이점들이 있다.

- 자신의 정체성이 민족의식 또는 국가 소속감에 깊이 뿌리 박혀 있는 전 세계의 수많은 사람들은 걱정할 필요가 없다. 아무도 그들의 문화를 빼앗아 가지 않을 것이다. 오히려 정반대다.
- 지역문화 축제가 늘어나면서 더 깊고 강렬한 지역적 특색을 반영하고 그 지역 동식물과 기후에 뿌리를 둔 지역의 상징세계에 더욱 손쉽게 접근할 수 있게 된다.
- 지역의 특색을 강화함으로써 우리는 토착 지식, 문화, 전통을 탐구하고 장려하는 것이 가능해지고, 따라서 지역 자연과 조화롭게 살아가고 다양한 환경 문제를 해결할 수 있게 될 것이다.
- 이렇게 지역 문화를 더 깊이 이해한다면 보편적인 인간정신을 더 다양한 방법으로 표현할 수 있게 될 것이다. 따라서 공유할 수 있는 의미 구성의 집합이 더 풍부해지고 이로부터 인간임 (being human)에 대한 더 깊은 깨달음을 얻을 수 있을 것이다.

빌둥에서 배운다

- 가까운 이웃 나라 관광은 더욱 흥미로울 것이고, 따라서 장거리 항공 여행을 줄여 환경을 보호할 수 있을 것이다.

- 민주주의 국가는 민족주의로부터 오는 놀라운 에너지를 수확할 수 있고, 그 에너지를 국가를 위한 장기적인 해결책에 강구하는 데 사용할 수 있을 것이다.

- 모국어 소통이 가능한 곳에서는 뿌리내림의 느낌과 문화적 응집력이 더 강하기 마련이다. 이에 힘입어 우리는 기후 변화, 대량 멸종, 글로벌화, AI, 감시 자본주의, 팬데믹 등과 같은 난제와 미래에 대한 더 깊고 의미 있는 대화를 시작할 수 있다. 또한 우리의 민족과 민족 국가의 경계를 넘어선 수준으로 정치로 발전시킬 수 있다. 문화적 뿌리내림과 안전에 대한 인식을 바탕으로 우리의 민족 국가가 글로벌 문제들의 해결에 기여하고 자기 변혁적 단계로 진화하는 것에 대한 담론을 형성하는 데 참여할 수 있다. 그리고 민족적, 지역적으로 뿌리내리고 있다는 강한 느낌은 다른 문화를 직면하고 지구촌과 같은 더 크고 추상적인 공동체를 포용하는 데 수반되는 심리적 부담을 덜어준다.

- 국가 문화유산이 강화되면, 이중언어를 사용하는 청소년(일반적으로 이민자들의 자녀)은 약한 집단적 자아의식에 위협이 되기보다는 문화적 자원이자 자산이 된다. 이중 의식을 가지고 있는 그들은 복합적인 글로벌 문제들을 해결하는 데 필요한 정신적인 복잡성을 가지고 있다.

사람들이 자신의 나라를 사랑하는 것은 위험요소가 아니다. 문제는 우월주의이다. 우월주의는 다른 나라들을 사랑하지 못하게 한다. 쇼

비니즘은 나라 안에서 사람들 사이에 존재하는 차이점에 대해 마음 깊이 품고 생각해보는 것을 막는다. 다른 사람들을 초대하지 못할 정도로 자신의 문화를 알지 못하는 것은 매우 위험하다.

소속의 원

자기 주도적 민족주의는 민족 국가를 유지하고 글로벌 문화적 다양성을 확대하는 데 필수적이다. 그러나 자기 주도 민족주의가 필요한 또 다른 이유가 있다. 한 국가에 대해 소속감과 책임감을 느끼고 정체성을 형성하는 과정을 통해 우리는 결코 만날 수 없는 사람들과 정체성을 공유하고 연대감을 형성할 수 있는 기반을 마련하게 된다. 오늘날 우리의 생활 방식과 소비로 인해 당면한 글로벌한 문제들은 민족 국가들이 개별적으로 감당하기에는 너무 크고 어렵다. 이러한 난제들을 해결하기 위해서는 전 세계 사람들이 연대감을 느껴야 한다. 우리는 단지 지구라는 행성을 공유한다는 사실만으로도 연대감을 형성할 이유가 충분하다. 우리가 창출하고자 하는 임팩트가 크면 클수록 우리의 의식, 양심, 연대, 책임감도 그만큼 크고 넓어져야 하는 것은 당연하다.

태어나는 순간부터 우리는 관계를 맺고 책임질 수 있는 세상을 확장할 수 있는 잠재력을 가지고 있다. 이는 우리의 자아 개념에서부터 시작하여 확장되는 소속의 원(Circles of Belonging)으로 설명될 수 있다.

원은 더 많을 수도 있고 적을 수도 있지만, 원의 개수는 중요하지 않다. 중요한 것은 우리가 가장 편안하게 느끼면서 책임감을 가지게 되는 첫 번째 실체가 우리 몸이라는 사실이다. 여기에서 출발하여 의식,

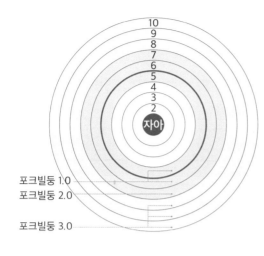

10. 생명 그 자체와 우리가 결코 만나지 못할 미래 세대들
9. 현존하는 지구상의 모든 생명
8. 오늘날의 인류와 보편적 원칙
7. 문화권
6. 상상의 공동체 - 사회, 국가, 민족, 종교
5. 커뮤니티 - 이웃, 스포츠팀, 직장동료 등
4. 가족2 - 배우자, 자녀들, 배우자 혈족
3. 또래 집단
2. 가족1 - 부모와 자식들, 우리가 태어나고 자라난 가족
1. 자아

〈그림 4〉 소속의 원

출처: The Nordic Secret

양심, 충성심, 연대감, 책임감, 변화 능력 등은 외부로 확장된다. 원의 순서는 각 원의 복잡성과 우리에게 부과하는 책임의 정도를 나타낸다. 제시된 원의 순서는 타당하지만, 정확하지 않을 수는 있다. 예를 들어 오늘날의 아이들은 지역 사회나 국가에 대해 이해하고 책임감이 생기기 전에, 글로벌 환경에 대한 의식이 먼저 발달할 가능성이 높다. 그러나 모든 원에 대해 근본적으로 중요한 것은 어떤 실체를 의식하는 것이 선행되어야 한다는 점이다. 실체에 대한 의식이 생겨야 이에 대해 양심을 느끼고, 충성심과 연대감이 느껴지고 책임감이 촉발될 수 있다. 즉, 전체에 대해 이해가 선행되어야 전체에 대한 책임감을 가질 수 있다는 것을 의미한다.

원의 개수는 좀 다를 수 있지만 여기에 사용된 10개의 원이 무작위로 선정된 것은 아니다. 각각의 원은 다른 차원의 복잡성과 책임감을 의미하고 각기 다른 특성을 가지고 있다. 따라서 어느 특정 원 한두 개를 건너뛰는 것은 그 개인의 빌둥과 정서적 성장에 공백을 남겨둠을 의미한다.

- **서클 1[17]: 자아.** 원이라고 부르는 것이 적절하지 않을 수는 있지만 우리의 소속감과 의식은 우리가 태어난 몸으로부터 나오고 양심과 책임감도 마찬가지이다. 두 살 무렵에 우리는 스스로를 자각하게 된다. 그리고 그때까지 받은 보살핌과 관심은 남은 인생의 많은 정서적 발달을 좌우한다. 여기에는 애착, 공감 능력, 자기통제, 사랑과 신뢰의 능력, 충성심, 연대감 및 그 외 많은 것들이 포함된다.

- **서클 2: 가족 1.** 두 번째는 우리가 태어나고 자란 원래 의미의 가족으로서, 이를 가족 1이라고 칭한다. 가족 1은 자신이 가족의 일원임을 이해하는 과정을 통해 본인이 누구인지를 식별하게 해주는 첫 번째 사회적 실체이다. 가족에서 처음으로 '우리'를 경험하는 것이다. 따라서 처음으로 '우리 대 다른 사람들'을 경험하며 이를 통해 정체성을 느끼게 된다. 서양에서 결혼한 커플들의 50%가 이혼하면서 많은 아이들이 하나 이상의 가족 1에서 자라나기 때문에 그들은 하나 이상의 '우리'를 경험하며 헤쳐 나가야 한다. 이 과정에서 어른들이 복수의 '우리'로부터 발생할 수 있는 충성심의 충돌로부터 아이들을 조심스럽게 보호하지 않으면 그

---

17 역자 주: 편의상 원과 서클을 혼용하였다.

들은 큰 어려움을 겪을 수 있다.

- 서클 3: 또래 집단. 또래 집단은 4세 무렵에 나타나기 시작하고 5세 무렵부터는 도덕적 가이드라인을 제공하는 사회적 실체가 점차 가족 1에서 또래 집단으로 대체되기 시작한다. 또래 집단과 가족 1의 큰 차이점은 가족 1은 우리가 구성원이 되기 전에 이미 존재했고 그들만의 삶이 있었다는 것이다. 그러나 또래 집단이 존재하는 이유는 우리가 또래 집단을 구성하고 또래 집단에 기여하기 때문이다. 그러므로 4살 정도가 되면, 아이들은 자신의 충동을 조절하고 어긋난 행동을 하지 않고 다른 아이들과 노는 방법을 이미 배웠어야 한다. 만약 이 정도의 정서적 성숙도에 도달하지 않았다면, 다른 아이들이 또래 집단에 받아주지 않을 것이다.

- 서클 4: 가족 2. 가족 2는 우리가 어른으로서 책임을 지는 가족이다. 그리고 가족에 대한 헌신적인 책임은 때때로 짐을 100% 기꺼이 떠맡는 것을 수반한다. 많은 경우에 이혼과 재혼으로 인해 하나 이상의 가족 2를 가지고 있다.

- 서클 5: 커뮤니티. 우리는 일반적으로 몇몇 사회 커뮤니티(직장, 스포츠 클럽, 지역 주민 커뮤니티, 협회, 종교 등)에 속해 있다. 이러한 공동체들은 대부분 우리가 참여하기 전에 이미 존재했고 우리가 떠난 후에도 계속된다. 따라서 커뮤니티는 일반적으로, 특히 우리가 지도부에 가입하거나 또는 조직이 민주적인 경우에는, 우리가 준수하고 궁극적으로 책임져야 하는 공식적인 규칙을 가지고 있다.

2번부터 5번까지의 공통점은 우리가 그곳에 있는 사람들과 개인적으로 관련이 있는 실존하는 공동체라는 것이다. 물론 서클 5에서 우리는 모든 사람을 개인적으로 알지는 못하지만 대부분의 얼굴을 알아볼 수 있고 언젠가는 그 사람들과 마주치게 될 가능성이 있다.

서클 6에서 10까지는 근본적으로 다르다. 사회학자들과 문화 이론 가들은 이를 '상상의 공동체'라고 부른다. 상상의 공동체는 인맥이 아닌 서사와 공동 운명 의식으로 묶이며, 언어와 상징을 공유하는 '의미 구성'이 필수적 역할을 한다. 역사가 베네딕트 앤더슨(Benedict Anderson, 1936~2015)은 1983년에 발간한 책에서 '상상의 공동체'라는 용어를 처음 쓰기 시작하였다.

서클 6에서부터 10은 상상의 공동체이다. 우리가 교육을 받고 필요한 빌둥을 지니고 있다면, 이러한 상상의 공동체에 속한 어느 누구와도 정체성을 공유하는 것이 가능하다.

- **서클 6: 상상의 공동체**(사회, 국가, 민족, 종교). 6번째 원은 매우 중요한 상상의 공동체이다. 여기서 언어가 생산되고 사회의 도덕적 가치가 형성된다. 예술가들은 그 가치를 해석하고, 집단이 공유하는 미학과 윤리와 의미 구성의 경계를 한계까지 밀어붙인다. 상상의 공동체에서의 이러한 노력으로 인해 현재의 언어로 표현하지 못하는 것들을 표현하는 것이 가능해진다. 서클 6은 우리 마음에 경외심을 불러일으키는 사원, 유대교 회당, 성당, 모스크 등이 존재하는 이유이고 매혹적인 종교 음악을 가지고 있는 이유이다. 우리가 문명, 박물관, 미술관, 역사적인 궁전, 광장과 유적, 극장, 도서관, 그리고 방문할 가치가 있는 멋진 도시들을 가지고 있는 것도 서클 6 덕분이다. 서클 6은 동시대뿐만 아니라 시간을 관통하여 수많은 낯선 사람들을 연결하는 상징을 만들어 낸다.

계급, 인종, 성별, 그리고 성적 지향 등을 중심으로 형성되는 공동체들도 상상의 공동체로 특징지을 수 있다. 이 공동체들은 그들만의 언어, 의미 구성, 예술, 상징을 생산하고 이를 바탕으로 정체성을 형성하지만, 그 정체성은 민족 국가의 테두리 안에서 생겨난다. 따라서 이 상상의 공동체들은 민족 국가의 언어와 미학에 의존한다. 그러나 민족 국가나 종교와 달리 상상의 공동체는 가난한 사람들을 지원하고 아이들을 교육하는 연대 기반 기관과 같은 사회적 인프라를 거의 필요로 하지 않는다. 물론 예외가 있을 수는 있다.

- **서클 7: 문화권.** 문화권은 서클 6과 비슷한 역할을 하지만, 상대적으로 더 많은 언어들로 표현이 되고, 훨씬 더 다양한 상징, 전통, 의미 구성이 창출된다. 서클 6의 언어와 상징을 가족 1에서 얻는 경향이 있고, 서클 7의 언어와 상징은 교육, 미디어, 여행으로부터 습득한다. 대부분의 가정에서 아이를 아프리카인이나 서양인으로 키우기보다는 반투족(Bantu), 나이지리아인, 포르투갈인이라는 표현처럼 구체적 문화권 안에서 양육한다. 문화권의 구성은 상황에 따라 다르다. 덴마크인의 관점에서 문화권은 전체적으로 노르딕, 유럽 또는 유대-기독교 서구일 것이고, 튀니지인의 관점에서 보면 북아프리카, 아랍, 이슬람 세계일 것이다.

- **서클 8: 생명체 인류와 보편적 원칙.** 보편적 원칙은 우리로 하여금 모든 인간을 평등하게 보도록 해 준다. 이전의 모든 원들은 '우리'를 '그들'에 대항해 싸우게 만들었다. 이 원에서 우리는 '일부는 배제된 우리'에서 '모두가 포함된 우리'로 나아간다. 보편적 원리가 보편화되기 위해서는 우리가 전혀 좋아하지 않는 사람

도 포함해야 한다. 부정하고 싶지만, 이것은 어쩔 수 없는 현실이다. 왜냐하면 우리의 뇌는 내집단과 외집단으로 세상을 구분하는 것을 선호하는 부족 시대의 두뇌이기 때문이다. 오직 하나의 거대한 '우리(We)'만 있으면 소외된 집단은 없을 것이다. 이 거대한 집단에는 인간이라면 모두가 속할 자격이 있다. 서클 8은 우리가 어렸을 때 싫어했던 모든 사람을 포함한다. 우리가 어렸을 때 부모님과 선생님들이 국적, 종교, 축구팀들의 연고지 등의 이유로 싫어하도록 배운 외집단들뿐만 아니라, 우리의 정적들과 모든 종류의 신념의 소유자들, 전쟁 범죄자들, 테러리스트들, 아동 성추행자들, 연쇄 살인범들, 학교 총격범들, 강간범들, 그리고 그 외 우리가 극도로 혐오하는 모든 이들을 포함한다. 만약 아돌프 히틀러와 폴포트가 살아있다면, 이 두 사람도 서클 8에 포함된다. 그리고 곧 80억 명에 도달할 모든 인류를 포함한다.

키루스(Cyrus)의 통치 아래 있던 페르시아에서 이미 우리가 말하고 있는 원칙들의 선례가 있었지만, 보편적 인권으로 처음 공식화된 것은 프랑스 혁명 시기였다. 그 이후 홀로코스트의 여파 속에서 우리는 UN 세계 인권 선언이라는 보편적 원칙을 만들어냈다. 문자의 발명 이후 약 6천 년이라는 문명의 세월이 걸렸다. 이제 우리는 이를 책임지고 실천해야 한다. 이를 실현하는 유일한 길은 빌둥을 발전시키고 내면화하고 이에 대한 양심과 충성심을 느끼고 모든 인류와 연대하는 데 있다. 결국, 이렇게 하는 것이 코로나19와 같은 팬데믹을 퇴치할 수 있는 유일한 방법이다.

• **서클 9: 모든 생명.** 우리가 생명 그 자체를 의식하지 않고 생명과 함께 하는 양심과 충성심과 연대감을 느끼지 못한다면, 그리고

지구 전체에 대한 소속감이 없다면, 우리 인류는 생명에 대해 책임지지 못하고 따라서 살아남을 수 없을 것이다. 지금 지구상의 생명은 여섯 번째 대멸종의 위기에 처해 있다. 과거의 5번의 대멸종과 달리 여섯 번째는 인간에 의해 촉발된 것이다. 단지 특정 종이 사라지는 정도가 아니라 전체 생태계의 균형과 생존이 위협받고 있다. 지구는 우리의 집이다. 그러나 2019~2020년 호주의 여름을 보았듯이 우리는 말 그대로 우리 집을 태워버리고 있다. 이러한 상황에 직면한 주된 이유는 빌둥의 결핍에 있다. 교육, 문화화, 정서적 발달을 통해 인간이 지구상의 모든 생명체와 통합된 일부분이라는 사실을 의식할 수 있어야 한다. 우리는 이 사실로부터 자유로울 수 없다. 심지어 우리는 DNA와 RNA를 공유한다. 코로나 바이러스가 퍼진 이유는 우리 몸의 세포가 코로나 바이러스의 공장이 되었기 때문이다. 모든 살아있는 세포의 기본 DNA와 RNA 분자부터 지구 기후에 이르기까지 모든 생명체는 연결되어 있다. 그러나 이 사실을 느끼지 못하는 우리의 무능함은 빌둥의 결핍이 비참한 수준에 이르러 있음을 보여준다.

- **서클 10: 과거, 현재, 미래의 인간들과 지구.** 10번째 서클은 지금까지 살아왔고 앞으로 살아갈 모든 인간과 과거, 현재, 미래를 잇는 지구 전체이다. 이 원 안에 있는 모든 사람과 모든 사물에 대해 소속감, 의식, 양심, 충성심, 연대감, 책임감, 깊은 유대감을 느끼는 것은 어느 모로 보나 영적 경험이며 대부분의 인류의 정신적 전통이 '깨달음'이라고 부르는 것에 매우 가깝다. 이는 진화에 대한 연결감으로서, 하나의 과정으로서의 생명, 생명의 사이클, 그리고 그 사이클들 간 상호 작용에 통합되고 내재되어 있다.

다른 소속의 원들에서와 마찬가지로 이러한 소속감을 만들어내는 것은 빌둥이다. 우리 시대를 초월한 보편적 원칙과 책임에 관해 콜버그가 주장한 도덕적 추론의 6단계는 서클 8, 9, 10과 매우 유사하다. 이러한 높은 수준의 의식과 배태성(胚胎性, embeddedness) 앞에 나를 내맡기고 우주와 시간의 흐름이 스며든 그릇으로서의 자신을 이해하는 것을 우리는 지혜와 무한한 사랑이라 부른다.

1) 모든 원들은 똑같이 중요하다

모든 10개 원들의 관점에서 삶을 바라보는 것은 벅차서 한 개의 원을 골라 이것이 가장 중요하다고 말하고 싶은 유혹이 크다. 하지만 그렇게는 안 된다. 우리는 모든 원이 필요하다. 모든 원은 서로를 만든다. 세상은 자기 조직화하는 복잡한 개방 시스템들의 시스템이다. 우리 사회와 집단들이 그렇고 우리의 몸과 마음 또한 그렇다. 우리의 몸은 단지 DNA의 유전자 코드에 따라 스스로 조직화되고 있을 뿐이다. 각각의 원들은 그에 상응하는 자기 조직화 시스템이 지닌 복잡성 수준을 나타낸다. 그러므로 복잡성의 한 단계를 선별해 이를 '가장 중요한 것'이라고 부를 수 없다.

자아 발달의 경우처럼, 작은 원에서 더 큰 원으로 차츰 더 복잡한 내적 세계를 향한 조화로운 개인적 발전을 이루는 전형적인 순서가 있다. 우리는 개인으로서 이미 가지고 있는 핵심을 중심에 두고 세상과 관계를 맺는다. 우리들만의 써클 안에서 소속감으로 뭉친다는 느낌은 우리의 의식, 양심, 충성심, 연대감, 책임감, 능력, 사랑 등을 확장하도록 해 준다. 우리가 아직 받아들이지 않아 진정한 소속감을 느끼지 못하는 원들이 지금은 위협적으로 보일 수 있지만, 앞으로 우리는 일생 동안 점차 더 큰 원들에 소속되어가며 성장한다. 발달 심리학이 묘사하듯이 우리의 감정과 자아의식뿐만 아니라 우리가 소속감을 느끼는 서클의 관점에서도 지속적으로 성장할 것이다.

마치 원이 중심에서 밖으로 퍼져 나가면서 그 중요성이 점차 커지는 것처럼 보일지 모르지만, 이는 우리의 개인적인 여정일 뿐이다. 사실 각각의 원은 그 안에 작은 원들을 가지고 있다. 그리고 내외향의 역학(Inwards-outwards dynamics)이 지속적으로 일어나고 있다. 즉, 우리는 개인으로서 자신 주변에 책임을 지는 집단을 만들고, 반대로 주변은 해당 집단과 그 집단에 소속된 개인들에게 기반을 제공한다. 이러한 원들의 내외간 쌍방향적 영향 모형에는 위(top)와 아래(bottom)가 없다. 진화는 모든 생명을 지탱하고, 생명은 모든 인류를 유지하고, 인류는 모든 문화권을 떠받치고, 문화권은 민족과 민족 국가를 품고, 민족과 민족 국가는 공동체의 자유와 권리를 규정한다. 그리고 공동체는 가족을 중심으로 구성된 틀로서 우리는 가족의 일원으로 태어나 가족을 넘어서 외부로 지향하면서 동료 집단, 공동체, 나라를 거쳐 모든 소속의 원들과 관계를 맺게 된다.

본질적으로 보면 서클들 간의 갈등은 있을 수 없다. 국가 간 및 대륙 간 갈등, 또는 인간 대 글로벌 환경 사이의 갈등 등과 같은 서클들 간의 갈등은 모두 우리의 머릿속에 있는 것이고 부적절한 빌둥과 제도에서 나오는 것일 뿐이다. 내가 동시에 딸이고 자매이고 어머니이며 동료이며 시민이며 독실한 불교 신자라는 사실에 내포된 갈등이 없듯이 민족 국가와 인권 사이에도 내재적 갈등이 없다.

그러나 서클의 특성 중 하나는 서클 내의 개인이나 집단 간에 갈등이 발생할 때 둘러싸고 있는 더 큰 서클의 권위에 의지하는 경향이 있다. 특히 폭력적으로 대응하고 싶지 않을 때에 더욱 그렇다. 아이들이 스스로 갈등을 해결하지 못하면 싸우거나 부모에게 간다. 부부 사이가 안 좋으면 싸우거나 공동체 내에서 조언을 구하고, 그것이 통하지 않으면 법원으로 간다. 제1차 세계대전의 여파로 정치 지도자들이 더 이상 전쟁이 없어야 한다고 합의하면서 국제 연맹(League of Nations)을 창설했다. 그러나 또 다시 제2차 세계대전이라는 큰 전쟁이 발발했을 때 정치 지도자들은 국제 연합 UN을 만들었고 UN은 세계 인권 선언을 발표했다. 우리가 개인으로서 우리의 민족 국가와 갈등이 있거나 또는 두 민족 국가가 서로 충돌할 때에는 UN과 세계 인권 선언에 호소할 수 있다. 적어도 그들의 탄생의 이유가 그렇다. 민족 국가들이 UN과 UN의 정신을 지지하지 않고 UN이 스스로의 원칙을 보편타당하게 적용하지 않는다면 UN은 미션을 수행할 수 없게 된다. 유럽 민족 국가들이 유럽에서 더 이상 전쟁은 없어야 한다고 결정함으로써 우리는 문화권을 대변하는 정치적 힘을 창출하였고, 그 후 두 세대를 거쳐 EU를 만들어 평화를 누리고 있다.

그럼에도 우리가 부족했던 것은 '교육과 빌둥'이다. 모든 사람이 10개의 서클을 중요하게 여기고 이를 지지하고 이어 나가는 책임을 스스로 짊어지도록 해 주는 '교육과 빌둥'을 제공하지 못했다.

2) 포크빌둥 1.0, 2.0, 3.0

소속의 원의 관점에서 덴마크의 폴케호이스콜레와 포크빌둥 1.0을 본다면, 150년 전부터 폴케호이스콜레들은 시골 청년들을 서클 5에서 서클 6에 해당하는 민족과 민족 국가와 그리스도교 신자들과 같은 상상의 공동체로 끌어올리는 역할을 수행했다. 물론 1860년대의 청년들이 폴케호이스콜레에 가기 전에도 자신이 덴마크인이면서 그리스도교인임을 의식했을 것이다. 그러나 이 정체성은 추상적인 무형의 것이기 때문에 그들의 지역 마을, 교구 또는 부모들의 농장과 밀접하게 연결되었을 가능성이 매우 높다. 청년들은 폴케호이스콜레를 다니면서 양심과 함께 덴마크에 대한 충성심과 연대감과 책임감을 성숙시키고 개인의 믿음과 가족, 동료, 지역 공동체 등과 같은 안쪽의 서클들에 대한 책임감을 발전시켰다. 뿐만 아니라 그들의 문화권, 특히 노르딕 문화를 지각하게 되었고, 일부 학교에서는 아이슬란드 사가들을 원어로 읽을 수 있도록 아이슬란드어를 배우기도 하였다.

만약 소속의 원에 케건의 5단계와 실러의 3단계 빌둥을 결합한다면, 폴케호이스콜레와 다른 포크빌둥 1.0이 어떤 역할을 수행했는지를 더 구체적으로 알 수 있다. 젊은이들은 현실의 서클들, 즉 2~5번 서클을 거쳐 성장하면서 자기 주도적인 '도덕적 인간'이 되었다. 무엇이 옳고 그른지 스스로 알아내는 법을 배웠다. 그 당시에 상상의 공동체라면 서클 6과 7 밖에 없었고, 이를 명확하게 인식하기는 어려웠다. 학생들은 자기 통치적 기독교도 덴마크인으로 성장하기 위해서 덴마크 사회의 규범과 기독교의 규범을 내면으로 받아들여야 했다. 물론 덴마크와 복음주의 루터교가 훌륭하다는 점에 대해서는 의심할 여지가 없다. 그렇지만 또 다른 한편으로는 생각과 표현의 자유가 있었고 무엇이든 간에 의심하고 질문하고 토론할 자유가 있었다. '토르뿐만 아니라 로키를 위한 자유!' 마음을 열면서도 충성스럽고 책임감 있는 시민으로 남는 것이 목표였다.

문화 급진주의에 해당하는 포크빌둥 2.0과 이에 속하는 시, 풍자, 디자인, 그리고 전반적인 미학은 사람들의 의식을 6번째 서클 문화권을 넘어 인류 전체로 확장하기 위해 최선을 다했다. 그러나 문화 급진주의자들은 이 과정에서 민족 국가를 과거의 유물로 여기며 경시하였다. 지금도 그렇다는 점이 안타깝다.

오늘날 우리는 교육과 포크빌둥 3.0이 필요하다. 이는 우리가 소속감과 책임감을 증진시키고 자기 통치의 단계를 거쳐 자기 주도의 단계에 도달하여 모든 10개의 서클에서, 가능하다면 신속하게 '도덕적 인간'이 되는 데 큰 도움이 될 것이다.

빌둥로즈

오늘날 사회의 복잡성을 고려할 때, 모든 사람이 번영하는 데 필요한 교육을 제공하고 빌둥의 발판을 구축하는 것은 엄청난 도전이다. 빌둥로즈는 우리의 내면세계를 우리가 성장하고 번영하는 삶을 살아야 하는 사회와 연결하기 위한 철학이다. 내가 사는 사회를 얼마나 이해하고 있을까? 이 모델은 어느 특정 사회가 얼마나 내부적으로 균형 잡혀 있고, 협력적이며 응집성이 있는지를 묻는 질문을 통해 사회 발달 단계를 분석하는 데 사용할 수 있는 도구이기도 하다.

빌둥로즈는 어느 특정 사회를 묘사하는 방식으로서, 어느 사회이든 간에 사람들이 알아야 할 것들에 대해 높은 수준의 대화를 하는 데 도움이 되도록 고안되었다. 이 틀은 복잡성, 경제 발전 정도, 문화 코드 등과 상관없이 모든 사회에 적용될 수 있다.

빌둥로즈는 수렵 채집자들부터 오늘날까지 존재했거나 존재하고 있는 모든 사회들이 아래에 열거된 일곱 개의 영역 또는 하위 시스템을 가지고 있다는 주장을 담고 있다. 이 모든 사회들은 이 일곱 가지 영역을 통해 설명될 수 있으며, 개인들이 사회에서 번영하기 위해서는 사회의 모든 일곱 가지 영역의 기본을 이해할 필요가 있다. 그리고 본인이 원한다면 모든 영역에 영향을 미치기 위한 참여의 자유를 가질 수 있어야 한다.

- **생산**
- **테크놀로지**
- **사실적 지식/과학**
- **윤리**: 낯선 상황에서 방향을 제시할 수 있는 기본 원칙
- **서사**: 익숙한 상황에서 방향을 제시하는 역사, 종교, 도덕적 가치
- **미학**: 전통문화, 대중문화, 예술
- **권력/힘**: 종교, 민주, 권위주의, 과두 정치 등

빌둥로즈는 권력을 중심으로 여섯 개 영역의 '꽃잎'으로 둘러싸여 있다.

자연은 일곱 가지 영역에 포함되지 않았다. 그 이유는 사회와 빌둥로즈의 일곱 영역이 인간 삶의 일부분이고 인간 삶은 자연의 일부분이기 때문이다. 자연은 모든 여섯 개 영역의 기반이며, 소속의 원이 이를 보여주고 있다.

빌둥로즈의 일곱 가지 영역은 사회가 얼마나 크고 복잡한지에 따라 매우 다르다. 역사적으로 시간이 흐르며 사회가 커지고 거주민의 수가 증가하면서 영역들이 전문화되고 다양해졌으며 점차 개별적인 하위 시스템들을 갖추게 되었다. 수렵 채집 사회에서는 서사(신화)는 음식(생산)을 구하고 생존하는 데 필요한 지식(과학)을 담고 있었듯이, 그 당시 사회의 일곱 가지 영역은 불가분의 관계에 있었다. 청동기 시대에서 장인들(생산)은 점점 전문화되었고, 사제직(서사)은 그들만의 신분이 되었다. 서양은 르네상스 시대 중에 서사(교회)와 과학이 분리되었고 계몽 시대에는

사사(교회)와 권력이 분리되는 과정을 거쳤다. 이렇게 한덩어리로 존재하던 영역들의 분리가 진전되면서 각 영역들은 자율성을 확보하게 되고 결과적으로 각 영역은 독자적인 기관과 하위 시스템에 하위 시스템을 겹겹이 갖춘 복잡 시스템으로 변모하게 되었다. 이러한 진전은 점점 커지는 사회를 하나로 묶을 수 있는 정교해진 통신 테크놀로지에 의해 가능했으며, 이와 동시에 개인의 자율성도 증가하면서 점차 복잡해지는 상황을 다룰 수 있게 해 주는 정규 '교육과 빌둥'의 필요성도 커졌다.

〈표 3〉과 같이 수렵 채집 부족의 영역과 근대의 산업화된 민주주의 민족 국가의 영역을 비교해 보면 그 복잡성의 차이가 두드러진다. 그리고 우리 시대의 인간들이 다루어야 하는 복잡성도 보인다.

우리는 여전히 '수렵 채집 부족의 두뇌'를 가지고 태어나며 생물학

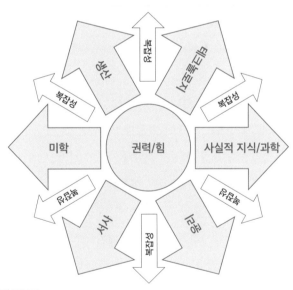

〈그림 5〉 빌둥로즈

출처: The Nordic Secret

빌둥에서 배운다

	수렵 채집 사회	근대, 민주화, 산업화 민족 국가
생산	사냥하기, 물고기 잡기, 과일 따기, 덩이줄기 캐기	집, 농업, 공장, 공예, 송금과 금융 상품 및 서비스, 기반 시설 등
테크놀로지	돌도끼와 돌칼, 덫, 화살과 활	글쓰기, 인쇄, 라디오, 텔레비전, 전화, 기계류, 자동차, 컴퓨터, 소프트웨어, 로봇, 인터넷, 기계도구, 암호 화폐 등과 같은 새로운 송금 수단
지식	신화나 의식을 통해 구전되어 온 정보	신화, 물리학, 자연과학, 사회과학, 경제이론, 인문학, 저널리즘, 데이터 분석과 가설 검증 등을 통한 과학적 발견 프로세스
윤리	명료하지 않고 직관에 의존*	철학적 전통, 논리, 비판적 사고, 최고의 윤리적 원칙을 탐색하는 프로세스, 인본주의, UN 인권 선언
서사	이야기와 신화	역사, 종교적 유산, 정치적 이상향, 국민 정체성, 다양한 종류의 전승 지식과 전통
미학	물려받음, 균질적	민속 유산, 팝컬쳐, 아방가르드 예술, 개인적 표현, 다문화 인자와 하이브리드
권력/힘	샤먼, 지혜로운 어른들	지방자치제와 국가 민주주의 법정, 경찰, 군대, EU, 다자간 협정, 테크 거대 기업들

* 사회가 공유하는 도덕성에 담긴 보편적 원칙을 탐색하는 것은 글로 표현할 때만 드러나는 높은 수준의 추상화가 필요하다. 수렵 채집 문화는 구전 문화이며, 따라서 수렵 채집 부족들은 자신들의 윤리를 표현하지 못했을 가능성이 매우 높다.

〈표 3〉 빌둥로즈의 영역, 과거와 현재

적으로 보면 석기 시대에 태어나는 존재와 크게 다를 바 없다. 오직 교육, 문화적 내면화, 삶의 경험, 도덕적이며 정서적 발전 등을 뜻하는 빌둥을 통해서만 우리 사회의 복잡성을 이해하고 다룰 수 있다. 선사 시대 토착 사회와 전근대 사회에서도 마찬가지였지만, 근대, 포스트모던, 메타모던 사회에서는 더욱 그러하다. 이 사실이 오늘날 뜻하는 바는 모든 사람이 어떤 민주적인 방식과 형태로든 간에 자신이 속한 사회를 이해하고 책임질 수 있기를 바란다면, 공식적인 교육을 받고 학교, 문화 공간, 문학, 도서관 등을 포함한 빌둥의 성장 과정을 거치는 것은 절대적으로 필요하다.

1) 학교와 포크빌둥

덴마크의 폴케호이스콜레는 빌둥로즈로 표현된 주변 사회의 발전에 필요한 모든 영역에 대한 기본적인 지식을 제공하였음을 보여준다. 그리고 오늘날의 학교 시스템들은 무엇을 제공해야 하는가에 대한 답도 보여준다.

폴케호이스콜레는 빌둥로즈를 사용하지는 않았지만, 빌둥로즈의 모든 영역을 다룬 것이나 다름없다. 적어도 처음 100년 동안은 그랬다. 오늘날의 덴마크 폴케호이스콜레들은 일반적으로 생산, 기술 개발, 과학, 새로운 테크놀로지로 인한 권력 구조의 변화 속도를 따라잡지 못하고 있다. 그리고 그들은 이 시대의 서사를 무시하고 역사를 거의 다루지 않고 있다. 그러나 미학과 윤리에는 상대적으로 중점을 두는 경향이 있으며, 일부 학교에서는 지속 가능한 생산에 초점을 맞추고 있다. 하지만 처음 100년 동안의 폴케호이스콜레는 빌둥로즈의 모든 영역을 가르쳤다.

1800년대 후반 젊은 농부들은 생산성을 향상시키는 법을 배웠고, 최신 농업 테크놀로지와 기법들을 배웠다. 그중 발효 테크놀로지와 더 나은 치즈와 맥주를 만드는 법을 배웠다. 그리고 최신 과학과 더불어 읽기, 쓰기, 수학을 배웠다.

윤리 교육을 위해 일부 학교들은 철학을 가르치고 학생들에게 철학 고전들을 읽게 한 것으로 보인다. 그들은 소크라테스 학습법을 활용하여 학생들은 서로의 생각에 대해, 때로는 선생님의 생각에 대해 질문하고 토론하고 의문을 제기하였다. 스스로 자신에 대해 성찰하고, 자신이 어떠한 도덕적인 가치를 왜 가졌는지 발견하는 방법을 배웠다.

서사는 초기 폴케호이스콜레를 대표하는 상징이었다. 그룬트비와 콜은 폴케호이스콜레가 구체화되기 전에 이미 어떤 모습일지 알았다. 위대한 이야기, 국사, 세계사, 고대 북유럽의 위대한 신화, 그리스와 로마의 신화, 아이슬란드 사가, 베어울프, 성경의 이야기가 있었다. 폴케호이스콜레의 중심에는 문명의 여명기부터 물려받은 의미 구성과 도덕적 투쟁과 정신이 있었고, 윤리 문제, 토론, 질문, 도전적 사유거리, 세상을 위해 스스로 결정하는 것에 대한 자극을 제공하는 것이 있었다.

그 학교들은 소박하지만 아름다웠다. 폴케호이스콜레 운동이 탄력을 받고 자금을 지원받게 되면서, 폴케호이스콜레는 예술과 장인 정신을 통해 어린 학생들의 정신을 고양하겠다는 의지로 놀라운 빌둥을 만들어냈다. 특히 강의실은 젊은이들에게 다음과 같은 메시지를 전달할 수 있도록 설계되고 꾸며졌다.

우리는 당신의 최고의 모습이 아직 숨겨져 있다는 것을 알고 있습니다. 이제 스스로 갈고닦아 최고의 모습을 세상에 보여주세요!

사회의 관점에서 보면 빌둥로즈의 핵심적인 힘은 정치 권력이다. 폴케호이스콜레는 학생들에게 특정 정치적 견해를 가져야 한다고 말하는 것은 바람직하지 않음을 분명히 알고 있었다. 대신 학생들에게 간단하게나마 정치학을 가르치고, 정치인들을 초대해 학교에서 연설을 하게 하고, 정치 모임에 학생들을 데려갔다. 이는 젊은 학생들이 스스로 정치에 대한 의사 결정을 할 수 있도록 돕기 위함이었다. 학생들은 개인 유권자로서의 이해관계보다는 나라 전체에 유익한지 초점을 두고 토론했

을 것이라 생각한다. 정치는 개인의 이득이 아닌 덴마크를 위한 것이어
야 한다. 이러한 목적의식은 콜버그의 4, 5단계에 해당하며, 이 단계에
어울리는 질문은 정치가 사회와 모든 사람에게 도움이 되는 큰 밑그림
을 세우는 데 유용한지 물을 것이다.

2) 빌둥로즈와 개인

빌둥로즈는 우리가 사회에서 알맞은 의미 구성을 하고 책임 있는
시민으로서 살아가는 데 필요한 것이 무엇인지 보여준다. 만약 우리가
빌둥로즈의 모든 영역에서 전개되고 있는 현황을 파악하지 못한다면,
스스로의 삶을 살아갈 힘을 갖추었다고 보기 힘들 것이다. 만약 우리가
스스로를 위해 생산에 공헌하지 못하고, 최신 테크놀로지를 적절하게
사용하고 최첨단 과학에 기초해 의사 결정을 내리지 못한다면 우리는
스스로 생존하지 못할 것이다. 낯선 상황에서 윤리적으로 적절한 선택
을 하지 못하거나 우리의 문화유산을 물려주지 못하고, 집단의 상징 세
계를 확장해 주는 예술과 미학의 역할을 이해하지 못한다면 우리는 삶
을 유지할 수 있는 힘을 가지지 못한 것이다.

이러한 방식으로 빌둥로즈를 사회가 아니라 개인에게 적용할 때
빌둥로즈의 중심에 있는 힘은 '자신을 지배하는 힘'을 나타낸다. 이 힘
은 실러가 말한 '감성적 발달, 자아 발달, 또는 육체적/감정적인 사람에
서 이성적인 사람으로, 그리고 도덕적인 사람으로 이행하는 빌둥'이며,
지식과 정서적 발달이 함께 충분히 이루어져야 한다.

빌둥에 대해 나치즘, 제2차 세계대전, 홀로코스트를 막지 못했다
는 비판적 견해가 종종 제기된다. 독일 문화는 빌둥의 요람이었고, 그래
서 많은 사람이 빌둥을 지녔으며 몇몇 나치 지도자들은 당시 최고의 교

육을 받아 역사, 예술, 철학, 과학을 알고 있었고 클래식 음악을 즐겼다. 그 시대의 가장 위대한 독일 철학자 중 한 명인 마르틴 하이데거(Martin Heidegger, 1889~1976)는 심지어 1933년 5월부터 전쟁이 끝날 때까지 나치당의 당원이었다. 어떻게 그럴 수 있었단 말인가? 어떻게 빌둥이 인간의 영혼과 민주주의를 만들고 지키는 능력을 증진시킨다고 주장할 수 있는가?

폴케호이스콜레와 빌둥로즈의 결합이 우리에게 답을 준다. 단지 생산, 테크놀로지, 과학, 윤리, 역사, 종교, 미학, 정치에 관한 모든 것을 지식으로 아는 것으로는 충분하지 않다는 것이다. 이는 빌둥이 아니다. 빌둥이란 모든 영역에 관한 내용을 타인들과 함께 토론하고, 도전하고, 의심하고, 탐구할 때, 그리고 잘못된 정보를 가지고 전모(全貌)를 보지 못해 생기는 오해로부터 시달렸다는 것을 깨달을 때 작동되는 프로세스이다. 이러한 푸시백의 경험들, "이런, 내가 얼마나 어리석었는가!" 하면서 깨닫는 크고 작은 경험들이 빌둥의 핵심적인 부분이다.

빌둥의 프로세스가 작동되려면 개인 자신의 변화가 선행되어야 한다. 더 많이 아는 것으로는 충분하지 않다. 실러가 말하는 감정적이며 본능적 인간 단계에서 이성적 인간으로, 그리고 이성적 인간에서 도덕적 인간에 이르는 빌둥의 두 단계 변화는 다음과 같이 요약된다.

- **감정적, 본능적 인간, 자기 통합 단계로부터 자기 통치 단계로 변화**
  감정적이고 본능적인 자기 통합 단계에서 벗어나 미학으로 마음을 평온하게 하고 자신을 사회에 일치시킨다.
- **이성적인 인간, 자기 통치 단계로부터 자기 주도 단계로 변화**
  이성적 자기 통치 단계에서 벗어나 미학에 힘입어 활력을 얻고, 감성을 깨운다. 그리고 변화하는 데 필요한 용기와 힘, 열정이 충만해진다.

• 도덕적인 인간, 자기 주도 단계

나치는 분명히 두 번째 변화를 놓쳤고, 아마도 첫 번째 변화도 놓쳤을 수 있다. 가장 가능성이 높은 설명은 다음과 같을 것이다. 그들은 바이마르 공화국 이전에 독일을 규정했던 군국주의, 가부장주의, 프로이센의 권위주의의 도덕적 규범에 맞게 사회화되었고, 자기 통치적 단계로 어른이 되었을 것이다. 그러나 '공화국'은 근대적이고 개방적인 민주주의 국가여야 한다는 사실을 인식하게 되면서 이를 더 이상 감당하기 어려웠을 것이다. 그들은 세계관을 바꿀 수도, 근대성과 민주주의에 적합한 자기 통치 단계로 진전하는 법을 배울 수도 없었다. 자기 주도적 단계로 전환하는 것은 더 어려웠을 것이다. 그 대신 그들은 낡은 규범에 충실하게 자기 통치적 단계를 고집하고, 모두가 일렬 대오로 행진하게 만드는 미학을 개발하였다. 이미 지나가버린 시대의 군국주의적, 가부장적인 프러시아의 권위주의 규범을 유지하는 데 필요하다면 어떠한 대가를 치르더라도 폭력을 정당화할 수 있는 정치 체제를 만들었다. 유럽의 다른 지역과 미국은 근대성과 민주주의의 시대로 나아가는 동안에 독일과 이탈리아는 과거에 머물려고 노력했다.

도덕적 고독과 공유하는 상징세계의 필요성을 탐구한 독일의 유대인 철학자이자 심리학자 에리히 프롬은 1941년에 출간한 그의 책에서 인간 발달 결핍의 심리적 단면을 '자유로부터의 도피'로 묘사하였다.

다른 말로 설명한다면, 나치의 리더들은 예술과 조국의 도덕적 규범을 포함해 일부 또는 대부분의 일곱 영역에서 최고의 교육을 받았을지 모르지만, 빌둥은 없었다. 이는 역사적 사실에서 드러난다. 1871년에 비스마르크는 혁명에 대한 두려움으로 프로이센의 노동자 빌둥 협회를 해산했다. 직업 기술 훈련과 비정치적 콘텐츠에 대한 강의 외에 다른 모든 것은 금지되었다. 특히 흥미로운 부분은 강의 이후 질의응답이 금지되었다는 점이다. 토론도 허용되지 않았고 청중들은 곧장 집으로 돌아가야 했다. 프로이센이 추구하는 가치에는 질문을 통해 자유를 추구하는 것은 포함되지 않았다.

3) 팀 플레이어인가?

빌둥로즈는 우리 사회와 그 안에 살고 있는 인간이 번영하기 위해 균형을 이루어야 하는 일곱 가지 영역을 보여준다.

대부분의 사람은 교육을 받고 직업을 찾으면서 삶의 많은 부분을 대체적으로 오로지 한 영역에서만 보낼 것이다. 이렇게 우리는 전문가가 되어 경력을 쌓고 소속된 영역의 지속적인 발전과 전문화에 이바지한다. 각 영역 내 전문화와 다각화는 일반적으로 산출물의 다양성을 확대하고 각 영역의 사회에 대한 공헌의 질을 더 높이고, 자원 활용의 효과성을 증대시킨다는 것을 의미한다.

그러나 전문화와 다각화는 반대의 결과도 가져올 수 있다. 어느 특정 영역에서 복잡성이 증가하는 것이 사회 다른 분야의 발전과 보폭과 일치하지 않는다면 바람직하지 못한 결과가 나타날 수 있다. 한두 개의 영역이 빠르게 성장하면서 복잡해지면 다른 영역은 상대적으로 뒤처지게 된다. 이로 인해 상호 충돌이 일어나고 사회 전체는 분열되면서 각 영역은 서로 단절되어 팀워크가 작동하지 않을 가능성이 커진다.

• **생산**은 냉소적이고 남용하며 착취적일 수 있다(노예 제도, 기름 유출,

원시림 벌목, 오염, 기후 변화 등).

- **테크놀로지**는 사회 구조 및 제도를 붕괴시킬 수 있다(구텐베르크의 인쇄기, 아마존닷컴이 지역 상거래를 무너뜨림).

- **과학**은 교만해져서 과학자들은 그들끼리만 소통할 수 있다. 다윈의 경우처럼, 사회를 하나로 묶고 있는 현재의 서사를 훼손할 수 있고 삶의 다른 모든 측면을 무시하는 교만한 과학주의가 될 수 있다.

- 지금까지 경험하지 못한 수준의 개인적 자유와 책임을 요구하는 **윤리**는 서사가 표현하는 도덕적 가치에 도전할 수 있고, 그로 인해 불안감을 일으킬 수 있다. 이러한 불안감은 민주주의와 자유보다 프로이센의 권위주의를 선호하는 전통적인 정신을 가진 독일인들에게 일어났을 가능성이 높다.

- **서사**는 매우 편협해져서 필요한 발전을 방해할 수 있다(사우디아라비아와 이란의 경우). 서로 상충되는 이념을 수용할 수 없을 때, 편협한 서사는 독단적인 전체주의적인 정치 이념으로 발전할 수 있다(나치주의, 파시즘, 공산주의 등).

- **미학**은 상징 패브릭(symbolic fabric)를 깨뜨리고 불필요한 혼란을 야기하는 예술(괴테, 실러, 피카소, 달리, 니나 시몬, 비틀즈, 쿠엔틴 타란티노 등)이 될 수 있다. 그리고 우리를 안일함과 순간적인 쾌락으로 유인하고 해방과 정치적 책임에서 멀어지게 하는 상업적인 유혹이 될 수도 있다.

- **권력**은 대상을 남용하거나 통제할 수 있다. 권력은 빼앗길 수도 있고 다른 영역을 점령하는 데 이용할 수도 있다. 이 경우에는 한두 개의 점령의 영역들이 다른 영역들을 남용하거나 통제할

가능성이 높다(중국은 감시 기술과 세서미 크레딧을 이용해 국민을 통제함).[18]

어떤 영역이든 간에 나머지 사회와 다른 영역의 기여와 관점을 인정하지 않는 그 영역은 사회 전체에 위협이 될 가능성이 있다. 어느 특정 영역이 다른 영역들을 인정하지 않거나 영역 간 협력을 중단하면, 각영역들은 사회를 파괴할 수 있는 힘을 가지게 된다. 이러한 상황은 가장그렇지 않을 것 같은 윤리 영역에서도 일어날 수 있다. 예를 들어, 자신의 빌둥의 수준으로 감당하기 어려운 자유와 책임이 주어진다면 사람들은 훨씬 더 단순한 권위주의적, 전체주의적 윤리를 갈망하게 될 여지가있다.

반면에 균형감 있고 안정적이며 평화로운 사회 발전에 기여하기를원하는 사람들은 반드시 다른 영역, 특히 중심을 기준으로 정반대편쪽에 있는 영역에 손을 내밀어야 한다.

이 주장은 매우 중요한 것으로 빌둥로즈 모델의 상단과 하단에 연결지어 생각해 볼 필요가 있다. 상단은 바로 '바로 여기 그리고 지금' 물리적으로 가능하고 필요한, 실용적이고 구체적인 재료들이며, 하단은장기적인 관점과 정신과 실존적 기반을 의미한다.

대체적으로 근대 사회 시스템은 이러한 협력을 염두에 두고 만들어지지 않았다. 따라서 본인이 속하지 않은 타 영역까지 포용할 수 있으려면 그 영역에 대한 상당한 양의 지식과 자기 주도적인 용기와 결단력이 있어야 한다. 특히 자신의 조직 내에서 영역의 경계를 넘어선 협력으

---

18 역자 주: 세서미 크레딧(Sesame Credit System)은 중국의 사회 크레딧 시스템으로서 개인, 기업, 정부조직의 신뢰성을 모니터하는 규제제도이다.

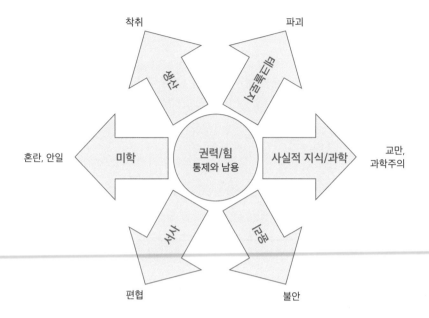

<그림 6> 빌둥로즈의 극단(extremes)   출처: The Nordic Secret

로 세상에 임팩트를 주기 원한다면, 더욱 그러할 것이다.

빌둥로즈를 잘 활용하면 꽃잎들을 넘나드는 협업이 모든 사람에게 다음과 같은 혜택을 줄 수 있음을 쉽게 이해할 수 있다.

- 윤리적인 생산과 상거래는 '지속 가능한 번영'을 기약할 수 있다.
- 테크놀로지의 발전으로 인해 더 많은 사람들이 연결되면서 사회는 성장하고 우리는 더 많은 것을 요구받게 된다. 따라서 교육에 대한 우리의 욕구도 진화한다. 서사, 특히 종교적 서사가 이러한 사실을 인지하게 될 때, 서사도 이에 맞게 스스로 진화해야 함을 깨닫게 된다. 서사는 더 많은 자유와 책임에 상응하는 도덕성

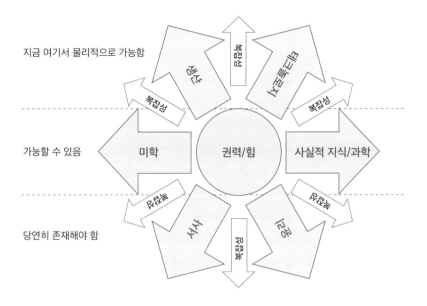

지금 여기서 물리적으로 가능함

가능할 수 있음

당연히 존재해야 함

미학

권력/힘

사실적 지식/과학

〈그림 7〉 빌둥로즈의 상단과 하단

출처: The Nordic Secret

을 포용하고 새로운 윤리성을 탐색하기 시작한다. 테크놀로지도 마찬가지로 사회의 통합성을 유지하고 의미 있는 사회적 평화를 지켜내는 서사와 도덕성에 관심을 가져야 한다. 서사와 테크놀로지가 함께 할 때 '의미와 목적이 있는 발전'을 창출해 낼 수 있을 것이다.

• 과학과 더불어 대중문화와 예술을 포괄하는 미학은 상호 협력을 통해 감동과 배움이 있는 '깊은 교육과 이해'에 도달할 수 있다. 이러한 교육 환경에서 우리는 사회의 문제를 해결하는 데 필요한 지식을 얻을 수 있다.

우리가 꽃잎들을 가로질러 가장 멀리 있는 영역과 협력할 준비가 되면 권력은 사회 전체에 분산되어 우리는 모든 영역에서 자유를 누리며 책임질 수 있게 된다. 그렇게 된다면 분권화로 인해 권력은 더욱 복잡해질 것이다. 그러나 모든 영역의 의사 결정자들이 각자의 영역을 통해 자유와 책임과 사회 전체에 대한 임무를 다한다면, 사람들은 모든 영역의 발달 과정에서 지속 가능한 번영, 깊은 이해, 의미, 목적의식 등을 즐길 수 있을 것이다. 이는 깨달음, 임파워먼트(empowerment), 해방을 누리는 것이고, 빌둥이 증진되는 것이기도 하다. 우리가 개인으로서 모든 영역의 지식을 추구하고, 권력이 모든 영역 내에서뿐만 아니라 영역 간에 협력을 지속시키고 적극적으로 지원한다면, 우리는 안정된 사회와 청렴한 기관들을 가질 수 있다.

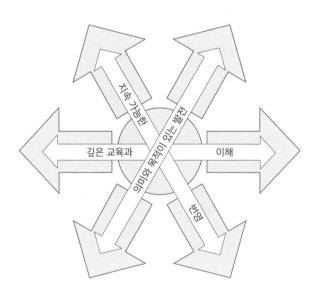

〈그림 8〉 빌둥로즈 협업

출처: The Nordic Secret

빌둥에서 배운다

그러므로 모든 조직의 위부터 아래에 걸쳐 의사 결정자들이 모든 영역에서 사회 전체를 아끼는 팀 플레이어가 되는 것은 매우 중요하다. 그리고 이를 실현하는 데 필요한 빌둥을 우리가 갖추었는지의 여부는 결정적인 요인일 수 있다.

폴케호이스콜레의 포크빌둥 1.0과 마찬가지로 문화 급진주의인 포크빌둥 2.0도 모든 영역을 촉진시켰다. 문화 급진주의는 보편적 가치(윤리)를 산업 디자인(미학, 생산, 테크놀로지)으로 변모시켰고, 시와 연극(미학)을 개척하였고 풍자(미학, 정치)와 정치적 이념(권력)을 탄생시켰다. 이 과정에서 문화 급진주의는 스스로가 종교와 오래된 도덕적 가치(서사)와의 끊임없는 투쟁 과정에 놓여 있음을 객관적으로 인식하게 되었다.

푸시백

우리가 세상에 대한 현재의 가정이 불충분하거나 틀렸다는 것을 깨달았을 때 정신적인 복잡성이 증가하는 것은 일반적인 현상이다. '이런, 내가 얼마나 바보 같았는지!'를 깨닫는 순간이다. 우리가 가지고 있는 가정, 세계에 대한 정신 모델, 세계관, 또는 인식론의 타당성이 검증될 때 우리 자아는 변화하거나 확장하지 않는다. 그리고 지식이 넓어진다 해도 그다지 성장하지 않는다. 우리가 성장하는 경우는 우리의 정신 모형과 세계관을 현실에 맞도록 재구성해야 할 때이다. 특히 여러 가정들을 동시에 수정해야 하고, 그 가정들이 틀렸거나 너무나도 단순했던 이유를 파악해 내는 고통을 감수해야 할 때 특히 크게 성장한다. 우리의 정신적인 보금자리에 잘못 설치된 오래된 파이프를 뜯어내고 배관을 새로 깔아야 할 때, 우리는 성장한다.

　피아제는 이를 스키마의 조절(accommodation of schemata)이라고 불렀다. 스키마(도식)는 세상에 대한 우리의 정신적 모델이다. 일상적 언어로 표현한다면 스키마의 조절은 실제로 해를 끼치지 않지만 우리를 흔드는 '공격'이다. 해를 끼치는 대신 우리를 더 강하게 만든다. 미국 작가 그렉 루키아노프(Greg Lukianoff, 1974~)와 심리학자 조너선 하이트(Jonathan Haidt, 1963년~)가 말한 것처럼, 우리는 쉽게 부서지지 않는다. 회복력, 탄력성을 갖추고 견고하게 성장하려면 푸시백이 필요하다.

　피아제에 의하면 신체 발달과 함께 아이의 마인드는 세상에 대한 정신적 모델인 스키마타(Schmata: 지식 구조)의 동화(assimilation)와 조절(accomodation)이라는 끊임없는 과정을 통해 진화한다[19]. 아이가 기존 스키마와 일치하는 새로운 사건을 접하게 되면 스키마의 타당성은 확인되고 동화가 일어난다. 그러나 기존의 스키마와 일치하지 않는 새로운 사건을 경험하거나 예상치 못한 일이 일어났을 때에 그 아이는 기존의 스키마를 수정하거나 완전히 새로운 모델을 형성해야 한다. 이것은 성장을 의미한다.

　흥미롭게도, 흄(Hume)은 이런 성장 과정이 젊은이들에도 작동하고 사실을 알고 있었다.

　관찰해 본 바에 의하면, 너무 어리고 경험이 부족해서 인생살이에 관한

19　역자 주: '동화'는 새로운 사건이 인지하는 유기체가 이미 경험을 갖고 있는 개념적 구조에 들어맞을 때 일어난다. 반면에 '조절'은 새로운 사건이 기존의 개념적 구조와 맞지 않을 때에는 그 개념적 구조를 수정해야만 할 때 일어난다.

보편적이고 올바른 명제를 내면에 형성하지 못한 사람은 없다. 그러나 한 가지 고백해야 할 것은, 이러한 명제를 실천에 옮기면서 초기에는 실수를 저지를 확률이 매우 높지만, 시간과 경험의 누적과 함께 명제에 대한 이해가 확장되면서 적절한 사용법을 이해하게 된다는 점이다.

칸트의 『순수 이성 비판(Kritik der Reinen Vernunft)』은 이를 다르게 설명한다. 칸트는 선험적(a priori)으로 주어진 의미 구성을 조직화하는 구조를 개념으로 정리하면서, 구조에는 고유한 내용이 없기 때문에 푸시백을 겪을 수 없다고 보았다. 칸트가 마인드에 대한 철학적 탐구를 개척하게 되면서, 많은 철학자들이 삶을 살아가면서 어떻게 마인드를 변화시킬 수 있는지를 탐색하기 시작하였다.

1790년대에 예나에 있던 피히테는 인간 정신(또는 마인드)과 세계 정신이 공진화하는(co-evolution) 과정을 탐구한 최초의 철학자로서 소위 '이상적인 시스템(Ideal system)'이라는 개념을 주창하였다. 피히테의 '이상적인 시스템'에 따르면 자아(self)가 스스로를 자각할 때 '절대 자아'(absolute 'I')가 되고, 이 '절대 자아'는 예상치 못한 것에 반응해야 할 때만 일어난다. 즉, 푸시백에 반응할 때 자아는 자율적이 된다. 푸시백과 마찰이 없다면 자아는 자신의 활동과 하나가 되고 그 활동에 완전히 묻혀 버릴 것이다. 그러므로 자기 인식(self awareness)을 발전시키려면 개인은 푸시백을 허용하고 자신의 삶 속에 논쟁거리가 있도록 해야 한다.

예나에서 헤겔은 피히테의 뒤를 이어 다음과 같이 썼다.

그러므로 빌둥은 그 절대적 의미에서 보면 해방이며 더 높은 해방을 향한 노력이다. 즉, 빌둥은 도덕의 무한한 주관적 실체성(subjective substantiality)으로 전환되는 절대적인 지점이며, 이는 즉각적이거나 자연스럽기보다는 정신적인 과정이다.

옛 독일 관념론자들에 따르면, 빌둥은 더 이상 즉흥적인 것이 아니라 도덕적이고 정신적인 자유를 향한 불가피한 과정이다. 이 정신은 사회와 개인 안에 존재한다. 세계는 더 높은 윤리적 기준을 향해 나아가고 있고, 개인 또한 그렇다. 헤겔에 따르면, 이는 변증법적 과정으로서 내적 장애물과 푸시백을 직면하고 극복함으로써 세상이 변화한다는 것을 의미한다. 사람들이 그러하듯이.

그룬트비와 콜 모두 피히테에 대해 공부하였고, 그룬트비는 흄, 칸트, 헤겔의 글을 읽었다. 폴케호이스콜레는 몇 가지 주요한 지적인 푸시백들을 거치며 고안되었다.

빌둥과 빌둥 결핍의 모습

사회, 가정, 환경은 서로 다르다. 그러나 충실한 삶을 살고 좋은 친구, 배우자, 시민, 동료로 살기 위해서는 기억해야 할 삶의 이정표가 있다.

- 4세가 될 즈음에는 일반적으로 충동은 통제되어야 하지만, 감정은 여전히 감당하기 힘들 수 있다.
- 5세가 되면 친구가 있어야 하고 집단으로 서로 어울려 놀 수 있어야 한다.
- 10세가 되면 스포츠와 같이 집단적인 규칙에 따라 경기할 수 있

어야 한다. 규칙이 명확하다면 팀 플레이어가 될 수 있어야 한다.

- 15세가 되면 누가 보고 있지 않을 때조차도 '부족(tribe)'의 팀 플레이어가 되고, 그 부족에 충성할 수 있어야 한다. 여기서 '부족'이라함은 직장이나 같이 자주 어울리는 친구들을 의미한다. 친구, 고용주, 동료, 팀메이트, 성적 파트너 등과 같은 사람들은 명확하지 않고 계속해서 표현되지 않더라도 공유하는 규칙을 이해하고 서로를 신뢰할 수 있기를 기대한다.

- 18세가 되면 사회생활에서 팀 플레이어가 될 수 있어야 하고, 더 큰 사회의 규범과 규칙을 중요하게 여겨야 한다. 이것이 바로 18세에게 투표를 허용하는 이유이고, 젊은 남성들과 일부 국가에서는 여성들도 군대에 지원하거나 징집될 수 있는 이유이다. 그리고 자녀나 배우자와 같은 중요한 타자의 장기적 이익을 위해 자신의 단기적 욕구를 제쳐둘 수 있어야 한다.

- 25세가 되면 위의 모든 것이 제2의 천성이 되어야 한다.

- 40세가 되면 타인의 기대와 사회의 규범에 의문을 제기하는 시기이다.

- 70세가 되면 다른 사람들이 자신에게 조언을 구한다. 그렇지 않으면 뭔가 잘못된 것이다.

어떤 사람은 느리고 어떤 사람은 빠를 것이다. 루소도 그렇게 말했듯이, 보통 여자아이들이 남자아이들보다 더 빠르다. 대부분은 따라잡을 것이니 조금 느려도 낙담할 필요가 없다. 하지만 이러한 발달 과정은 경험의 법칙으로서 단계별 목표를 제시하고 있다. 우리는 보살핌과 양육과 문화와 교육을 통해, 그리고 실수할 자유와 푸시백을 서로에게 허용함으로써 이 과정을 헤쳐 나갈 수 있을 것이다. 어느 누구도 실수하지 않고서는 배우고 성장할 수 없다.

덴마크 문화에는 'fremelske'라는 독특한 단어가 있다. 사랑으로 이끌어낸다는 의미이다. 아마도 'fremelske'보다 더 위대한 것은 없을 것이다. 타인의 내면으로부터 가장 훌륭하고 고귀한 것을 사랑으로 이끌어내는 것만이 위에 언급한 발달 과정에 효과가 있는 유일한 방법이다. 물론 사랑으로 이끌어냄은 보살핌, 대화, 교육, 조언—예를 들어 가르치기, 때로는 질책—으로 나타날 것이다. 하지만 아무리 강렬하더라도 옆에 앉아서 사랑으로 이끌어내는 것만으로는 충분하지 않다. 이 사랑도 펼쳐야 한다. 하지만 중요한 것은 강요된 사랑은 사랑이 아니라는 것이다. 그 사람을 실제로 사랑하고 배려하지 않고는 사랑을 이끌어낼 수 없다. 학생들과 개인적인 관계를 맺는 사랑스럽고 배려심 있는 선생님들이 변화를 이끌어 낼 수 있다.

인간의 발달에 대해 이해해야 할 중요한 점은 인생의 어느 특정 단계에서 이전 단계를 이해할 수 있지만, 인생의 앞 단계에서는 다음 단계의 경험과 관점과 성숙함을 가지고 사는 것이 어떤 것인지 이해할 수 없다는 것이다. 우리는 반드시 사랑으로 이끌어 발달할 수 있도록 해야 한다. 이는 케건의 발달 단계에도 적용된다.

- **자기 통합 단계**에서는 자기 통치 단계가 어떤 것인지 파악할 수 없다. 자신의 욕구를 충족시키기 전에 타인의 기대와 감정을 생각하는 것이 어떤 것인지 파악할 수 없다.
- **자기 통치 단계**에서는 자기 주도 단계가 어떤 것인지 이해할 수 없다. 정신적으로 '집단적 우리'를 벗어나 이 전체를 하나의 객체로

빌둥에서 배운다

보고, 해부하고 비판하는 것을 이해하기 어렵다. 외부인들의 비판을 환영하기 힘들다. 자기 통치 단계에서는 '우리 대 그들'이라는 대결 구도에 따라 세상을 조직화한다. 더 젊을수록 그리고 자기 통치의 초기 단계에 가까울수록 사람들은 더 많은 흑과 백, 적, 혹은 '우리 대 그들'의 대결적 관점에 더 열광하는 경향이 있다.

• **자기 주도 단계**에서는 자기 변혁 단계를 이해하기 어렵다. 자기 자신이 성장하는 것보다 다른 사람이 성장하는 모습을 보고 더 많은 기쁨을 얻는 것이 어떤 것인지 알기 힘들다.

관용은 자기 주도와 함께 나타나는 경향이 있다. 내가 주어진 규범에서 벗어나 진정한 나만의 길을 추구하면서 다른 사람들도 길에서 헤맬 권리가 있어야 한다는 사실도 깨닫는다. 다양성의 진가에 대한 이해는 자기 변혁과 함께 일어난다. 특히 우리가 타인에서 진정한 개인의 성장을 보는 것을 즐길 때 더욱 그렇다. 토르뿐만 아니라 로키까지 인정하는 것은 쉽지 않다!

1) 자아 발달처럼 보이는 행동

겉으로 드러나는 행동이 그 사람의 실제 자아 발달의 정도와 다를 수 있다. 이를 더 설명하기 전에 염두에 두어야 할 것들이 있다. 케건은 자아 발달 과정을 정서적 발달과 복잡성의 단계적 변화로 보았다. 일반적으로 그의 모델은 '만약 당신이 특정 발달 단계에 도달하였다면 당신 존재의 전체가 이미 변화한 것'을 의미하는 것으로 이해된다. 이는 많은 것을 시사한다. 삶의 여정을 거쳐가면서 우리 존재의 감정 모드는 근본적인 변화를 겪는다. 앞에서 케건의 자아 발달과 소속의 원을 결합함으로써,

나는 개개인이 받은 교육과 삶의 경험에 따라 어떻게 정서적, 인지적으로 관여하는 것이 자아 발달에 유효한지를 보여주었다. 그러나 자아 발달은 겉보기보다 단순하지 않다. 그래서 나는 빌둥을 선호한다. 빌둥은 복잡하고 모호하기 때문에 인간의 다양성과 상이한 상황들, 그리고 성격의 독특성을 포용할 수 있다.

○ 헷갈리는 행동 1: 자기 통합적인가, 자기 주도적인가?

자기 통치의 앞과 뒤에 위치한 자기 통합과 자기 주도는 둘 다 우리의 참된 감정과 자아를 표현하며 살아가는 것에 관한 것이다. 따라서 매력적인 새로운 동료, 상사, 로맨틱한 데이트 상대, 친구 등이 자기 통합적인지 아니면 자기 주도적인지 알아내기 어려울 수 있다.

이 둘의 차이는 다음과 같다.

- 그 사람은 어린 시절부터 대략적으로 자기 통합 단계에 머무르고 있었고, 자기 통치 단계로 나아가지는 않았다.
- 그 사람은 실제로 젊었을 때 팀 플레이어가 되었고, 더 나아가 자신의 진정한 자아를 찾았고, 자신에게 주어진 규범을 벗어나 진정한 자신을 추구할 수 있는 용기를 갖게 되었다.

첫 번째 사람은 공동의 이익에 자신을 합치시키지 못하기 때문에 우리는 그 사람을 팀의 구성원으로 받아들이기 어렵다. 두 번째 사람은 당신 인생의 일부로 받아들이고 싶은 사람이다.

포스트모던 사회의 다양한 사회적 맥락에서 볼 때, 팀 플레이어가 아니어도 성공에 아무런 문제가 되지 않는다. 부모와 선생님보다 더 영

빌둥에서 배운다

리하고 모든 시험을 잘 보는 매우 똑똑한 아이는 자라서 교수나 CEO로 성공할 수 있지만, 사회적 의식은 비어 있을 가능성이 높다. 푸시백을 경험하지 못하고, 권리 의식과 맹목적인 부의 축적으로 인해 앞을 보지 못한다는 것을 깨닫지 못한 부잣집 아이에게도 비슷한 길이 펼쳐질 수 있다. 사실상 여전히 열 살 아이처럼 행동하는 것이다.

내가 자기 통합적인 성인을 상대하고 있는지, 아니면 자기 주도적인 성인을 상대하고 있는지 알아내는 것은 어려울 수 있다.

○ 헷갈리는 행동 2: 자기 통치의 행동인가, 자기 주도의 행동인가?

자기 통치 단계를 넘어 성숙한다는 것은 규범과 표준에서 벗어나는 사람에 대해 관용(tolerance)하는 마음을 갖게 됨을 뜻한다. 자기 주도 단계로 발달하면서 사람은 점점 더 관용적으로 변하는 경향이 있다. 자기 변혁 단계에 이르러서는 심지어 삶에 대한 관점의 차이에서 오는 다양성과 푸시백의 가치를 이해한다.

관용은 근대성을 규정하는 주요 가치이자 규범이다. 주도하는 문화가 의견, 생활 방식, 인종, 성적 지향, 종교 등의 차이를 수용할 때에만 우리는 자유민주주의와 열린 사회를 가질 수 있다. 토르뿐만 아니라 로키에게도 자유가 허용되어야 한다. 오직 실러가 말하는 도덕적인 사람만이 감정과 순응을 넘어서 정치적 자유를 감당할 수 있다.

숨겨진 권력 구조가 드러나는 것이 포스트모더니즘의 두드러진 특징이다. 근대성이 주장하는 관용에는 사각지대가 있다. 여전히 구조적 인종 차별과 성차별, 언어와 문화를 정의하는 이분법적인 젠더 규범, 그리고 여전히 일부를 편애하는 사회적 불공정이 존재한다. 비록 그 어느 때보다 특권이 줄어들었지만, 여전히 우리 주변에는 편애가 존재한다.

그렇다면 자기 통치 단계에 이르지 못한 젊은이들은 근대의 '관용'을 해체(deconstruction)하는 포스트모던 정신을 어떻게 받아들일까? 세상을 흑과 백, 또는 '우리 대 그들'로 보는 경향이 있는 연령층에게 관용과 기존 권력 구조의 해체를 규범으로 가르치면 무슨 일이 일어날까?

미국과 캐나다의 대학 캠퍼스를 잠깐 생각해 보자. 서구 젊은이들은 관용적인 규범으로 사회화되었지만, 실제로 관용적일 수 있는 정서적 성숙은 없었다. 따라서 관용의 규범을 비관용적으로 증진시키려 할 수 있다.

발달 심리학은 이러한 분석에 도움을 주는 데 그치지만, 빌둥은 다음 단계로 벗어날 방법을 제공하는 도구상자이다.

포스트모더니즘의 특징 중 하나는 역사적 서사를 인간 경험의 진보로 해체하여 이해하는 것이다. 포스트모던 학교 시스템에서는 역사를 시간의 흐름에 따른 스냅숏들로 가르치고, 각각의 스냅숏으로 해당 시점의 권력 구조를 보여준다. 포스트모더니즘은 역사에 대한 선형적인 이해를 완전히 무시하는 경향이 있다. 역사는 정해진 목적이나 방향이 있는 것이 아니다. 오히려 시간의 흐름에 따라 진전과 후퇴가 뒤섞이고, 종종 혼란스러운 방식으로 전개된다. 학문적 관점에서 볼 때, 역사에 대한 포스트모던적 접근은 중요하다. 글로벌 시대에 이러한 역사적 접근 없이 문명화된 문명을 이룰 수 없다. 그러나 역사에 목적이 없다는 사실은 역사에 연대표가 없다는 것과 같지 않다. 어떤 것들은 다른 것들보다 먼저 일어났고, 그 이후의 것들은 그 이전의 것들이 없었다면 일어날 수 없었을 것이다. 그러므로 역사의 포스트모던적 해체는 어떤 세상에 속하는지 알아가는 과정에 있는 어린이, 청소년, 젊은이에게 역사를 가르치는 최선의 방법이 아닐 수도 있다. 만약 그들에게 여기에 오기까지의 역사적 과정을 가르치지 않고 권력 위계질서에 차지하는 위치만을 가르친다면, 그들은 학교가 보여준 권력 구조, 그 이상을 이해하는 것은 거의 불가능하다. 그 결과 역사적 인식이 없이 단지 권력 구조만 보고 관용을 실천하지 못하고 말로만 떠드는 청년 세대가 탄생했다. 역사란 펼쳐지고 있는 과정임을 더 잘 가르침과 동시에 역사가 전개되면서 사람들이 겪는 실존적 어려움을 이해하도록 하는 것은 빌둥 형성에 매우 중요하다. 시멜만(Schimmelmann)은 자신의 노예들을 포기하고 싶지 않았지만 대서양을 횡단하는 노예 수송선의 환경이 너무나 혐오스러웠기 때문에 노예 무역을 중지해야만 했다. 그는 적어도 덴마크에서 그럴 수 있는 정치적 힘을 가지고 있었고, 결국 해냈다. 그러나 시멜만은 노예 무역을 계속하기 위해, 금지되기 전에 미리 충분한 수의 아프리카인들을 서인도 제국 동부의 세인트토머스섬으로 수송하였다. 그곳에서 그들이 지속적으로 번식하여 노예의 수를 늘리도록 한 것이다. 이렇듯 역사와 상황은 지저분하고 인간들도 그러하다.

우리는 과거이든 지금이든 간에 다른 상황에 처한 사람들과 동질감을 느낄 수 있는 능력이 필요하고, 악행에 맞설 수 있는 도덕적인 사람이 되어야 한다. 그러므로 우리는 역사를 연결된 서사, 포스트모던의 해체, 빌둥으로 이해하는 시각 모두 필요하다. 국제노동기구(ILO)와 워크프리(Walk Free)재단에 따르면 현재 약 4천만 명이 노예로 살고 있다. 이 중 71%는 여성이며 25%는 어린이다. 이 문제는 아직도 정치적 의제로 다루어지지 못하고 있다. 우리는 자신이 시멜만이 되는 것을 개의치 않는 것 같다.

빌둥 도구상자

우리가 개인으로서, 사회로서, 그리고 종(種)으로서 점점 더 복잡한 도전에 직면하고 있기 때문에 가능한 한 빌둥을 키우고 심화시켜야 한다. 우리가 필요한 빌둥은 실행과 경험 기반의 학습이 때문에, 표준화되고, 스프레드시트처럼 규격화되고, 측정 가능한 교육으로 변질되어서는 안 된다. 따라서 이에 어울리는 일종의 빌둥을 심화시킬 도구들과 적절한 교수법이 필요하다.

나라마다 자유와 책임의 분포가 다른 것은 정치 때문이기도 하지만 정규 '교육과 빌둥'의 수준이 다르기 때문이다. 대부분의 정부는 국민을 여전히 신뢰하지 않고 국민에게 충분한 교육을 제공하지 않고 있다. 그리고 여전히 학교 시스템은 정치적 리더십은커녕 스스로 생각하거나 질문을 던지지 못하는 자기 통치 단계의 어른들을 배출하도록 만들어져 있다.

빌둥의 미래

: 제안과 더 넓은 시야

이 장에는 앞으로 나아갈 방법에
대한 나의 개인적인 제안들이
포함되어 있다.
하나의 종(種)으로서 우리에게는
복잡한 21세기에 걸맞은 메타모던
'교육과 빌둥'이 필요하다. 그리고
모든 소속의 원들과 빌둥로즈의
7개의 영역에 대한 책임감을 느끼는
포크빌둥 3.0이 필요하다.
이를 해낼 수 있는 방법은
무엇일까?

코로나19 팬데믹이 확산되기 시작하던 2020년 봄을 돌이켜보면 시장보다 생명과 의료를 우선시하는 당시 정부의 급진적인 조치가 매우 의미 있게 여겨진다. 실존적 위기에 직면하여 우리는 어디에 최우선 순위를 두어야 하는지를 분명하게 보여준 것이다. 이제 우리는 인본주의와 지구의 건강과 행복을 최우선으로 삼는 빌둥이 필요하다.

우리는 지금 선택의 갈림길에 서 있다. 우리가 선택할 수 있는 길은 두 가지가 있으며, 그것은 다음과 같다.

A. 우리가 원하는 미래를 심사숙고하여 선택하지 않고, 시장의 이해관계에 따라 테크놀로지가 개발되도록 한다. 기후 변화와 종의 멸종은 우리의 통제권을 벗어나게 된다. 그리고 얼굴 인식이 가능한 감시 시스템을 설치하여 실시간으로 모두를 감시하고 AI가 사람을 대신해 결정을 내린다. 그러나 AI는 아이디어를 실제 구현하고 특정 관계 및 문화적 맥락에 철저히 삶의 뿌리를 내리고 영혼이나 마음으로 느끼고 판단하는 인간의 실존적 경험이 없다. 오직 과거의 데이터에만 의존하여 의사 결정을 할 뿐이다. 따라서 AI는 '자기 통치적인' 노력은 보상하지만 새로운 아이디

어와 '자기 주도적인' 시도는 배척할 가능성이 크다. 결국 문명
은 서서히 멈출 것이고 모든 사람은 AI와 과거의 데이터에 순응
하게 될 것이다.

B. 우리가 만든 발명품의 노예가 되지 않기 위해 의식적인 선택을
하고 시장보다 지구 위의 생명을 우선시한다. 우리는 자유와 책
임, 자율과 통합, 의미 구성과 정신을 포괄하는 빌둥을 소중하게
여기고 확산시킨다.

A를 선택하면 미래 세대의 삶을 상상하는 것은 불가능하다. 만약
우리가 B를 선택한다면, 미래 세대들은 오늘날 덴마크, 핀란드, 아이슬
란드, 노르웨이, 스웨덴에서 누리는 것과 같은 수준의 자유, 안전, 의미,
목적, 재미, 번영 등을 누릴 수 있을 것이고, 앞으로 이보다 훨씬 더 발
전시킬 수 있을 것이다. 안타깝게도, 인류는 지금 당장 이 어려운 결정
을 내릴 필요가 없으므로 A를 쉽게 선택할 수 있다. 그러나 선택의 순간
이 다가오고 있다. B는 현재의 수많은 우선 순위를 바꾸고 인간, 자연,
윤리와 지속가능한 경제개발 모형의 창출을 우선할 것을 요구한다. 그
러나 이미 상환해야 할 부채가 있고 수익을 거두어야 할 투자가 있기 때
문에 B의 선택을 반대한다. 지금 인류는 경제라는 거미줄에 걸려 어찌
할 줄 모르는 파리와 같다.

빌둥은 어떤 느낌일까?

빌둥은 끔찍할 수도 있고 즐거울 수도 있다. 빌둥과 자아 발달은 교

훈이 되는 끔찍한 실수로부터 비롯될 수 있다. 코로나19는 의심할 여지 없이 사회 전체에 '교훈'을 주고 있다. 그러나 빌둥을 증진시킬 수 있는 또 다른 방법이 있다. 적절한 시기에, 적절한 장소에서, 적절한 사람들과 함께 도전하는 것이다. 빌둥은 매우 의미 있고 용기를 북돋아주며 즐겁다. 푸시백은 가혹할 수 있지만 우리를 미소 짓게 할 수도 있다.

발달 심리학과 비교할 때, 빌둥은 교육적, 미적 요소를 가지고 있을 뿐만 아니라 사람들이 다양한 방법으로 스스로 접하고 언제든지 시작할 수 있다는 특징을 가지고 있다. 만약 밖으로 나가 다른 사람들 사이에서 자신의 세계관이 시험받는 것을 원치 않는다면 집에서 시작할 수 있다. 필요한 것은 단지 호기심뿐이다.

예를 들어, 당신이 매우 낯설게 들리는 노래를 듣고 이해하고 싶다면, 작곡의 배경 스토리가 궁금할 것이다. 그리고 이 곡에 열광하는 사람에게 그 이유를 물어볼 것이다. 잘 이해가 되지 않는 그림이나 어떤 예술 작품을 마주쳤을 때도 마찬가지이다. 그 작품의 작가는 아마도 다른 방식으로는 표현하기 힘든 자기 생각과 느낌을 전달하기 위해 작품을 만들었을 것이다. 물론 그 작가의 생각에 굳이 동의할 필요는 없지만, 그 작가가 말하고자 하는 것은 무엇일까 궁금해 할 것이다.

아니면 오래된 고전 명작 하나를 커피 한 잔과 함께 들고 가장 좋아하는 안락의자에 앉아 저자의 마음속으로 들어가 보자. 작품을 읽으며 저자의 관점에서 세상을 탐구해 보자. 같은 상황에서 나는 어떤 선택을 했을까? 나는 그 도덕적인 시험을 견딜 수 있었을까? 윤리적인 시험은 어떠하였을까?

실러의 글로부터 많은 영향을 받은 덴마크 철학자 쇠렌 키르케고르(Søren Kierkegaard, 1813~1855)는 저서에서 삶의 미적, 윤리적 측면을 탐구했다. 그는 뛰어난 유머 감각과 풍자적인 위트로 ① 쁘띠 부르주아적 인간형(자기 통치), ② 미학적 인간형('자기 통치'와 '자기 주도' 사이 전환 단계, 케건 3.5단계), ③ 윤리적 인간형(자기 주도)이라는 세 종류의 인물상을 만들어냈다. 키르케고르는 이 중에서 문학에서 자주 마주치는 미학적 영웅과 윤리적 영웅에 대해 흥미로운 분석 결과를 도출했다. 미학적 영웅은 자기 외면의 것에 맞서 싸우고, 윤리적 영웅은 자기 내면의 것에 맞서 싸운다는 것이다.

안락의자에 푹 파묻혀 빌둥 여행을 떠나기를 원한다면, 윤리적 영웅이 등장하는 소설을 선택할 필요가 있다. 사실 대부분의 고전 작품이 그렇다. 최고의 문학작품에 등장하는 영웅들은 자기 내면과 외면, 두 가지 모두와 싸운다. 그렇듯 만약 당신이 이 투쟁의 여정을 영웅과 함께 간다면, 이 자체가 빌둥이다.

메타모던 교육과 빌둥

모든 것을 해체하고 끊임없이 상대화하는 포스트모던 세계는 사람들이 과거의 문화유산과 타인들에게 솔직하고 깊은 감정으로 연결되는 것을 어렵게 만든다. 항상 연결되지 못한 '거리감'이 있다. 많은 사람이 도덕적으로 고립된 상태에 있다. 에리히 프롬에 의하면, 우리는 대규모로 실존적 진공 상태에 있다. 참으로 끔찍하다. 코로나 봉쇄로 인해 상황이 더 나아질 리도 없다. 이제 우리는 다른 무언가가 필요하다.

지금까지 역사를 통해 우리가 성인으로서 어린이, 청소년, 그리고 성인들끼리 서로에게 제공한 '교육과 빌둥'은 다음과 같다.

빌둥에서 배운다

- **토착**: 인간이 어떻게 자연과 영적 세계의 일부인지, 그리고 그것을 통해 어떻게 작은 부족으로 살아남고 번성할 수 있는지를 설명하는 구전 서사와 집단 의식(儀式).

- **전근대**: 도덕적이고 종교적으로 작성된 코드화된 진실을 탑다운 하향식으로 보급. 종종 권위주의적이지만 동시에 깊은 감정적 음색과 놀라운 미학을 지님. 강력한 도덕적, 윤리적 딜레마를 다루는 웅장한 서사. 같은 신앙을 가진 수십만 명으로 구성된 상상된 공동체로서의 사회에서 생존하고 번영하고 함께 지내는 방법을 가르치는 전통.

- **근대**: 과학적 사실과 합리성을 산업화 시대의 탑다운 방식으로 전달. 근대 경제와 수백만 명의 낯선 사람들이 사는 민족 국가와 근대 경제 시스템에서 사람이 생존하고 번영할 수 있도록 하는 테크놀로지, 생산성, 스킬 향상에 관한 지식. 질문을 장려하지 않는 교육.

- **포스트모던**: 이야기, 의식(儀式), 진실, 과학, 합리성의 해체. 어디에서 온 누구든 간에 서로를 불쾌하게 하지 않고 서로 마주치고 대화를 나눌 수 있는 정치적 올바름. 의미있고 번창하는 삶과 생존을 위해 개개인이 움켜쥐고 의지할 수 있는 것들은 그리 많지 않음.

위에서 언급한 네 가지 종류의 '교육과 빌둥'은 각각의 특성이 있다. 초기일수록 석기 시대 두뇌의 학습 방식과 더 잘 어울리고, 후기로 갈수록 20세기 후반의 복잡성에 더 잘 어울린다.

오늘날의 21세기에 필요한 것은 위의 모든 것을 제공하는 메타모던 '교육과 빌둥'이다.

메타모던 정규 교육

국가는 모든 국민에게 각 나이대에 적합한 빌둥을 포함한 최소한의 정규 교육을 보장해야 한다. 건강한 성인이 스스로를 부양하고 시민으로서 기여하고 번성하는 정상적인 사회를 형성하려면, 시민들은 서로 주고받을 준비가 되어야 한다. 사람들이 스스로의 노력으로 살아남고 삶의 존엄성을 지키는 데 필요한 지식과 스킬에 쉽게 접근할 수 있게 해주지 못하는 사회는 실패한 사회이고 실패한 국가이다. 그리고 빌둥을 제공하지 않는 사회도 실패한 국가이다.

1) 메타모던 유아, 초등, 중등 교육

석기 시대에 머물고 있는 우리의 마인드를 교육시켜 21세기에 번영하기 위해서는 헤르더의 철학을 다시 생각해볼 필요가 있다. 과거와 현재 사람들의 빌둥의 수준을 평가하기 위해서라기보다는 현재의 교육 시스템의 커리큘럼을 우리 정서적 발달에 대응시켜 보기 위함이다.

여전히 인간은 수렵 채집인으로 태어난다. 그러므로 아기들이 석기 시대의 자연 속에서 빌둥 여행을 시작할 수 있도록 하자. 아이들이 놀고, 자연을 탐험하고, 토착 신화의 훌륭한 이야기를 듣고, 어린이집과 유치원에서 리듬에 장단을 맞추고, 춤추고, 노래하는 법을 배우게 하자. 그리고 5살쯤에는 원예, 도구 제작, 농사, 요리하는 방법도 배울 수 있도록 하자.

6살쯤 되면 아이들은 청동기 시대를 맞이할 준비가 되어 있어야 한다. 청동기 시대의 위대한 문명이 낳은 생산, 테크놀로지, 과학, 서사, 미학, 그리고 특히 문자 체계와 상징 세계는 아이들의 상상력을 사로잡아야 한다. 유치원에서 토착 신화와 청동기 신화의 이야기를 들려주는 것은 아이들의 어휘와 상상력을 넓힐 것이고, 우리가 공유하고 있는 세계유산에 아이들을 연결할 것이다.

철기 시대에는 알파벳이 발명되었고 세계 주요 종교가 출현한 축의 시대(Axial age)이기도 하다. 7세 무렵부터는 철기 시대의 기술, 사서, 미학, 건축, 의미 구성을 할 수 있는 지혜를 배워야 한다. 9세 무렵까지 가르칠 수 있는 풍부한 자료가 있다.

기원후 1400년경에 이르기까지 선사 시대 토착 문화와 전근대 문화 규범이 나타났다. 그 후 유럽은 나머지 세계와는 근본적으로 다른 문화적 여정을 시작했다. 1440년경의 구텐베르크의 인쇄기는 생각과 아이디어를 교환하는 것을 가능하게 해 주었다. 자본주의와 식민주의를 결합한 결과로 얻어진 풍부한 자원과 아이디어로 인해 서양은 500년 동안 유례없는 발전을 이루었고, 르네상스를 시작으로 서구 사회의 7개 영역은 모두 급격하게 변환되었고 각각 상호간 자율성을 확보할 수 있었다. 서양은 표현의 자유, 종교의 자유, 개인의 권리, 모두를 위한 평등한 권리를 탄생시킴으로써 근대주의 시대를 주도하였다.

한편, 구텐베르크와 UN 사이 500년 동안 유럽과 미국이 이룩한 빌둥로즈의 모든 영역에서의 진전에 대해 전 세계의 10~15살 아이들이 배워야 한다고 제안하는 것은 유럽 중심적인 생각이다. 다른 한편으로 보면 유럽의 르네상스, 계몽주의, 식민주의, 낭만주의 및 근대성은 오늘날의 세계를 형성했다. 현대 의학, 과학, 산업화, 정치 제도, 갈등, 공해, 화석 경제, 환경 위기, 글로벌 미디어, 소셜 미디어, 자본주의와 식민주의가 보여준 근대 사회 발전 등을 제대로 파악하고 활용하려면, 1440년경부터 1948년까지 7개의 모든 영역에 걸친 서양의 역사적 진전을 이해해야 한다. 이런 내용들을 가르치면서, 서양인들이 세상의 거의 모든 곳에서 어떻게 인간의 생명과 천연자원을 약탈했고 다른 사회와 문명을 파괴했는지를 보여줄 수 있다. 우리는 근대 세계의 발판이 된 그 발전이 세계의 다른 지역에는 어떤 영향을 끼쳤는지를 가르칠 필요가 있다.

르네상스 시기의 발전은 10살짜리의 정신 능력과 어울린다. 르네상스의 새로운 테크놀로지 발명품들은 기계적이었고, 따라서 10살 아이들이 재현해 보는 것은 재미있는 놀이일 것이다. 르네상스 시대와 10살의 '자기 통합' 마인드 사이의 상관관계는 섬뜩할 정도로 높아 보인다. 심리학자들이 종종 10살 정도의 또래 집단을 마키아벨리적 정신으로 칭하듯이, 10살짜리들이 마키아벨리(Niccolo Machiavelli, 1469~1527)의 『군주론』을 읽는다면 그 내용에 맞장구치지 않을까?

계몽 운동은 증기 기관, 기계 역학, 모차르트, 인권, 대서양 횡단 노예 무역, 노예제 및 미국과 프랑스 혁명의 시대였다. 이 시대는 11~12살에게 적당한 내용이다. 그리고 13세의 정서적 발달 수준은 낭만주의, 민족주의, 민주주의와 더불어 베토벤, 근대 과학, 다윈, 전기, 대영제국, 빅토르 위고(Victor Hugo, 1802~1885)와 찰스 디킨스(Charles Dickens, 1812~1870)의 문학을 공부하는 것과 잘 어울린다. 14세부터는 근대의 생산과 기술, 과학, 윤리, 서사, 미학, 정치에 대해 배우는 것이 인지적 성숙도에 잘 어울린다

16세 무렵에는 포스트모더니즘, 양자물리학, 시스템적 사고 등이 향상되어야 하며, 위에서 언급한 지식을 가지고 있다면 기존 지식을 해체하고 상대화하는 것을 시작할 수 있을 것이다.

이러한 종류의 교과 과정을 활용한다면, 사회의 일곱 가지 영역에서의 발전을 시간의 흐름에 따른 전 세계의 발전과 연관짓는 것이 가능

빌둥에서 배운다

할 것이다. 지구상의 어떤 장소도 유럽인들이 탐험하지 않고 착취하지 않은 곳이 없으므로, 아이들은 세계의 역사적 전개를 자기 나라의 역사와 연결시킬 수 있다. 그리고 세계 경제에서 그들의 나라가 어떤 위치에 있는지 설명할 수 있을 것이다.

모든 사람이 자국의 역사와 이웃 나라와의 정치적 관계에 대해 배우는 것은 당연하다. 수많은 전쟁을 치르고, 다른 사람들을 노예로 만들고, 멋진 예술을 창조하고, 새로운 것을 발명한 것은 유럽인들만이 아니었다.

빌둥로즈의 모든 영역을 역사적 발전의 관점으로 통합하면 내면의 정신세계를 외부 세계와 연관 지을 수 있게 되고, 따라서 세상의 모든 것들이 왜 현재의 모습이고 상태인지를 이해할 수 있을 것이다. 모든 사람은 역사적 감각과 함께 시간, 문화, 자연에서의 자신의 위치에 대한 감각을 얻고, 전 세계의 문화와 문명을 이해하고, 토착, 전근대, 근대, 포스트모던 문화의 세계 유산에 공감할 수 있을 것이다. 사회적 영역이 시간의 흐름에 따라 어떻게 상호 연결되고 공진화하는지를 경험할 수 있을 것이다. 모든 영역에 대한 지식을 바탕으로 모든 사람들은 의미 있는 삶을 추구하는 데 필요한 기초 지식과 고등 교육에서 배우는 전문 지식을 가지게 될 것이다. 만약 그렇게 된다면, 그들은 무엇이 자신에게 가장 의미 있는 것인지를 알고 결정할 수 있을 것이다. 더 나아가 우리는 전 세계를 조망하는 시선과 로컬 문화에 깊게 뿌리내린 메타모던 문화를 발전시킬 수 있을 것이다.

초등 교육과 중등 교육에 걸쳐 교사들에게는 그들이 훈련받은 대로 일할 수 있도록 필요한 자원과 시간과 자유가 주어져야 한다. 교사들은 책임감을 가지고 아이들이 편안하고 재미있으면서도 푸시백을 경험할 수 있는 도전 과제를 주어 성장하도록 해야 한다. 사랑으로 각 아이의 최상의 모습을 이끌어내야 한다. 교육을 잘 받은 교육학자와 선생님은 그렇게 하는 방법을 잘 알고 있다.

로봇이 대부분의 물리적 재화를 생산하고 인공 지능이 학교의 많은 일자리를 맡게 된다면, 더 많은 교육자와 교사를 고용하고 그들이 실제로 아이들의 정서적 발달을 교육하고 지원할 수 있는 시간과 자원을 갖도록 하는 것은 너무도 당연하다. 우리가 정말 중요한 것을 위해 일하고 삶을 더 풍요롭고 의미 있게 만들기 위해서가 아니라면, 왜 테크놀로지가 사람들의 먹고 사는 문제를 떠맡도록 하겠는가? 그리고 각각의 아이들이 성장하고 융성하도록 가르치는 데 필요한 자유와 자원이 충분히 주어진다면, 교사가 되는 것보다 더 의미 있는 것은 무엇이겠는가?

2) 고등 교육

한 가지 분야를 깊게 알고 있는 전문가는 필요하다. 하지만, 사회의 모든 영역은 아니더라도 여러 영역에 걸쳐 협업할 수 있는 전문가도 필요하다. 두 가지 길이 있다. 첫 번째는 모든 사람들이 하나의 전문 분야와 함께 더 넓은 사회적 맥락과 모든 영역의 기본을 가르치는 고등 교육을 받도록 하는 것이다. 두 번째는 모든 사람들이 최소한 두 개 영역에 고등 교육을 받는 것이다. 물론 세 번째 선택지는 모두가 두 가지 교육을 받는 것이다.

하나 이상의 전문 지식을 습득함으로써 세계에 대한 하나 이상의 관점, 하나 이상의 전문적 인식론을 얻을 수 있다. 문화의 이중 의식이라 할 수 있다. 하나 이상의 관점을 가진 사람은 인식의 깊이를 얻을 수 있다. 다른 분야의 인식론으로 특정 분야의 지식과 패턴을 분석할 수 있다. 점점 더 복잡해지는 세상에서 이런 전문가가 필요하다. 두 개 이상의 지식 덩어리를 통합함으로써 새로운 가설을 창출하고 분석하여 새로운 가능성을 발견할 줄 아는 전문가가 매우 중요하다.

○ 빌둥 아카데미

네덜란드 암스테르담에서 몇몇 대학생들과 한 교수가 했던 것을 해볼 수 있다. 2014년에 그들은 그들의 교육에 빠진 것이 있음을 깨닫고 '빌둥 아카데미(De Bildung Academy)'를 설립했다. 빌둥 아카데미는 학사 학위 취득 후 석사 과정에 재학 중이거나 석사 학위를 취득한지 2년이 지나지 않은 사람들을 위한 5개월 프로그램이다. 2020년 현재 빌둥 아카데미는 네덜란드에서 시작하여 다른 유럽 국가로 퍼져나가고 있다. 그들의 대학 교육에 대한 접근 방식은 아래와 같이 요약할 수 있다.

고등 교육에서 빌둥 프로그램을 만드는 데 필요한 것은 가르칠 것이 있다는 확신을 버리는 것뿐이다. 교육은 답을 제공하기보다는 질문을 탐구하는 데 초점을 맞출 필요가 있다.

이것은 아마도 영국에서 그룬트비가 경험했고 콜이 그의 학교에서 제공했던 것과 매우 유사할 것이다.

포크빌둥 3.0

현명한 사람들이 모인 공동체는 정규 교육뿐만 아니라 서로로부터 포크빌둥을 배운다. 현명한 사람들은 '교육과 빌둥'의 가치를 믿는 사람들과 같이 모여 서로 배우는 것에 값을 치를 의향이 있다. 코치, 선생님, 스카우트 리더 등으로서 자원봉사를 하고, 자신과 아이들을 위해 더 많은 빌둥을 위해 투자할 의지가 있다.

1) 어린이를 위한 포크빌둥

현대 사회에는 이미 아이들을 위한 포크빌둥이 있다. 하지만, 어른들은 이를 그저 놀이이자 재미로 보는 경향이 있다. 놀이이자 재미이며 결정적으로 빌둥이라는 점을 놓쳐서는 안 된다.

- **팀 스포츠**는 아이들에게 팀 플레이어가 되고 주어진 규칙에 따라 경기하도록 가르친다. 만약 순응이 어렵게 느껴지는 6살에서 10살 사이에 이를 배우지 못했다면, 나중에 이런 '예속'을 즐기는 것은 매우 힘들다. 팀 플레이어 능력이 없는 배우자, 상사 또는 동료를 경험해본 사람이라면 누구나 그들 곁에 있을 때 삶이 얼마나 끔찍해지는지 이해할 것이다. 만약 자신이 팀 플레이 스킬이 없는 사람이라면, 자신이 끊임없이 '자기 통합' 단계에 머무르고 있고 주변 사람을 힘들게 한다는 것을 깨닫지 못할 것이다.
- **악기를 연주하거나 합창단에서 노래하는 것**에서 아이들은 귀 기울여 듣는 방법을 배운다. 그리고 노래하거나 악기를 연주하는 것이 멋진 일이고 감정을 표현하는 또 다른 방식이라는 것을 알게 해 준다. 이와 동시에 운동 기술, 집중력을 포함하여 인생 전반에 걸쳐 매우 유용한 많은 스킬들을 함께 배운다.
- **민속춤을 포함한 다양한 춤**에서 문화유산, 듣기, 신체 조절, 운동 스킬을 배우고 발 스텝을 순서대로 정확히 만들어내고 몸의 움

직임과 패턴과 루틴을 습득한다. 이런 배움의 과정은 같이 모여 공동으로 만들어 내는 과정이다. 이처럼 빌둥은 재미가 있다.

- **스카우트**는 패트롤(patrol)이라 부르는 작은 그룹 내에서 아이들이 책임감과 리더십을 순환을 통해 배우도록 한다. 그리고 실용적인 스킬과 다양한 종류의 지식을 그룹으로 함께 노력하도록 하고 이에 대한 보상으로 유니폼에 부착할 수 있는 배지를 준다. 자유주의적인 어른들은 아이들에게 유니폼을 입힌다는 상상만 해도 끔찍하다고 생각하지만, 7세에서 12세, 심지어 청소년까지는 유니폼의 명예 규율에 어울리게 일상을 살아보는 것은 인지적 성취이며 배지를 얻는 것은 큰 자부심의 원천이다. 스카우트는 아이들에게 좋은 동료가 되고, 집단 내의 모든 사람을 돌보고, 책임을 지고, 주체성, 진취성, 리더십을 보여주도록 가르친다.
- **연극과 롤플레잉 게임**을 하는 것은 역할과 정체성을 가지고 노는 방법을 터득하게 도와준다.
- 마지막으로, 4H이든 또는 조그만 텃밭이든 간에 **채소밭을 가꾸는 것**은 계획을 세우고 인내심을 가지고 기다리고 자연과 연결됨이 얼마나 소중한지를 알게 해 준다. 그리고 음식이 어디에서 오는지 가르친다.

이러한 방과 후 및 주말 활동이 아이들과 사회에 얼마나 중요한지 놓치는 경향이 있다. 모든 아이들이 이러한 빌둥 활동에 경제적 부담없이 참여할 수 있도록, 청소년과 청년과 성인들이 자발적으로 참여하는 것이 매우 중요하다는 것을 간과하고 있다. 불행하게도 여전히 많은 아이와 가족은 이를 감당할 형편이 안 되기 때문에 책임감이있고 경험을 가진 어른들을 필요로 한다. 다행히도 자원봉사는 행위자로서의 마음속에 의미를 부여해 준다. 그리고 자원봉사자들과 아이들 사이에 발전되는 관계는 특별한 보너스이다. 그 사람들은 가족도 아니고 돈을 받는 것도 아니고 단지 아끼는 마음일 뿐이다.

2) 10대와 청년을 위한 포크빌둥

팀 스포츠와 스카우트 둘 다 10대 후반의 청소년들이 지도자로서 자원 봉사하기에 완벽한 장소이다. 타인들의 조직에 대한 책임을 지고 그들에게 정정당당한 승부를 하는 방법을 가르친다. 팀 코치나 스카우트 리더로서 자원 봉사하면서 10대와 성년 초기에 푸시백을 얻는 것은 매우 좋은 경험이다.

포스트모던 사회는 젊은이들이 가족 1과 개인 또래 집단의 경계 밖에서 책임지는 방법을 배우고 이와 관련된 도덕적 가치를 경험하도록 해주는 것이 거의 없다. 정당의 청년 조직들은 정치와 시민의 의무를 탐색하고 약간의 푸시백 경험을 얻을 수 있는 좋은 환경이지만, 만약 기존의 정당과 방향성이 맞지 않는 청년에게는 문제가 될 수 있다. 우리는 십 대들과 젊은이들에게 도전하고 영감을 줄 수 있는 더 많은 청소년과 청년을 위한 빌둥을 고안해 낼 필요가 있다.

덴마크와 북유럽의 에프터스콜레와 폴케호이스콜레는 여전히 14~18세 그룹과 18~25세 그룹에서 놀라운 효과를 발휘한다. 세상에 이런 학교들이 더 많아야 한다. 그러나 에프터스콜레 교육 과정에 역사와 서사, 그리고 최신 과학과 테크놀로지를 다시 포함시킬 필요가 있다. 덴마크에는 260개의 에프터스콜레가 있으며, 연간 약 6만 명의 코호트 중에서 약 26,000명의 아이들이 다니고 있다. 그리고 73개의 덴마크 폴케호이스콜레에는 연간 약 11,000명의 학생이 다니고 있다.

그러나 5개월 과정의 폴케호이스콜레나 1년 과정의 에프터스콜레에 다닐 형편이 안 되는 학생들을 위한 대책이 필요하다.

15세에서 25세 사이의 학생들에게 빌둥을 알게 하는 가장 효과적인 방법은 그들이 현재 받고 있는 그 교육 자체를 개선하는 것이다. 교육 시스템의 주된 의무는 교육 시스템이면서 동시에 빌둥 시스템으로서의 역할도 수행하는 데에 있다. 십 대들과 젊은 성인들이 배우는 데 보내는 많은 시간은 그들을 단순한 노동 인력으로 만드는 과정이 아니라 빌둥로즈 전체를 다루어 훌륭한 팀 플레이어와 자율적인 사람이 될 수 있는 도전의 과정이 되어야 한다. 그들이 스스로 느끼고 생각하는 법을 배울 수 있도록 푸시백을 제공하고 도덕적, 윤리적 딜레마와 싸우도록 해야 한다. 암스테르담의 대학에서 시작한 빌둥 아카데미는 모든 대학에서 표준이 되어야 한다.

○ 스카우트+

학교와 직장에 있는 동안 우리의 생각의 폭을 넓히고 다른 사람들을 만나는 것도 물론 중요하다. 그러나 민주주의가 제대로 작동하려면 가족, 또래 집단, 직장 밖에서도 시민들이 서로 만나 유대감을 형성하고 지역 공동체의 소셜 패브릭이 강화되도록 해야 한다.

젊은이들에게 의미 있는 도전을 제공하기 위해 일종의 '시민 스카우트'를 제안한다. 시민 스카우트에서 시민들은 빌둥로즈의 7개의 모든 영역에 걸쳐 나이에 적합한 도전 과제를 시도해 보는 것이다. 이곳에서 경험이 많은 시니어들은 지도자, 멘토, 교사로서 자원봉사를 하고, 청년들은 체계화된 틀 안에서 조직적으로 일을 수행할 수 있어야 한다. 아래에 모든 영역에서 해볼 만한 활동들을 제안한다.

- **생산**: 주변에 보이기 시작하는 메이커(maker), 프레퍼(prepper), DIY(Do It Yourself) 문화를 활용할 수 있지만, 스스로가 직접 와인 시음, 커피 및 차 감식, 미식 요리, 채소 정원 가꾸기, 옷 만들고 수선하기, 집 청소, 가계 경제, 업사이클링 등을 해 보고 텐트와 스위스 군용 나이프만을 가지고 숲에서 살아남기 등을 시도하기.
- **테크놀로지**: 웹사이트 만들기, 알고리즘 및 기본 프로그래밍 이해하기, 자전거 수리하기, 트레일러가 부착된 트럭 운전, 후진 및 주차하기, 화재 진압하기, 풍차 만들기, 전기가 없는 곳에서 집 마련하는 법 배우기.
- **과학**: 응급처치, 적어도 두 개의 과학 분야에 대해 대화를 나눌 수준에 도달하고 과학적 방법과 윤리에 따라 그 중 한 분야의 실험을 완성해 보기.
- **윤리**: 윤리적 관점에서 생산, 테크놀로지, 과학을 논하고, 윤리에 관한 철학적 고전을 공부 토론하며, 토론과 스터디 서클을 퍼실리테이션하는 방법을 배우기.
- **서사**: 세계사와 세계의 주요 종교, 그리고 몇 가지의 문학 고전을 알아보기.
- **미학**: 서예, 드로잉과 그림 배우기, 세계 각국의 토착 미술, 역사적으로 존재했던 각 제국과 종교의 미술 형태, 근대 미술의 사조 등을 연구하고 자신만의 예술과 디자인을 창조하기.
- **권력/힘**: 무술 배우기, 『손자병법』이나 플라톤(Plato), 마키아벨리(Machiavelli), 후고 그로티우스(Hugo Grotius, 1583~1645)의 고전을 통

해 전쟁과 평화의 역사 공부하기, 자기 나라의 헌법과 주요 정치적 독립 선언과 인권 선언들 알아보기, 정당들의 프로그램들을 공부하고 이를 다시 해체해 보기.

가능한 한 호기심과 질문을 바탕으로 활동들을 수행해야 할 것이다. 그나저나 이 방식은 나의 파트너를 찾는 데 가장 완벽한 환경일 것이다. 보드카 반 병을 마신 후 가장 춤을 잘 추는 사람에게 매력을 느끼는 로맨틱한 동기보다는 누구와 함께 하루를 마감하고 새로운 하루를 시작할 수 있을지에 더 집중할 수 있을 것이다.

3) 성인을 위한 포크빌둥

오늘날 북유럽뿐만 아니라 서구 전역에서 다양한 성인 교육이 제공되고 있다. 그러나 안타깝게도 사람들의 전문적 기술을 향상하는 데 초점을 맞추고 있거나, 개인적인 취미를 위한 야간 수업인 프로그램이 대부분이다. 이도 중요하지만, 민주적, 변혁적, 역량 강화적(empowering), 해방적, 시민적 측면의 성인 교육은 사라졌다 해도 과언이 아니다. 빌둥과 푸시백, 우리의 세계관에 도전하는 깊은 대화, 민주주의 훈련은 보이지 않는다. 우리 성장 과정에 접했던 민족주의에서 시작해 유럽과 전 세계에 걸쳐 공유될 수 있는 의식과 양심에 이르기까지 우리의 소속의 원을 확장시켜 주는 포크빌둥은 실종됐다.

빌둥로즈의 7개 영역 모두에 관련된 최신 지식이 빠져 있다. 성인 포크빌둥은 이를 보완해야 한다.

• **생산**: 21세기의 생산과 소비의 조건과 결과는 무엇인가?

빌둥의 미래: 제안과 더 넓은 시야

- **테크놀로지**: 최첨단 테크놀로지는 무엇인가?
- **과학**: 최첨단 지식은 무엇인가?
- **윤리**: 현재의 변화와 도전에 직면한 우리의 윤리적 원칙은 무엇이어야 하는가?
- **서사**: 우리의 사회, 공동체, 우리의 삶을 하나로 묶는 내러티브는 무엇인가?
- **미학**: 무엇이 우리의 인식론에 도전하고 푸시백을 제공하는가?
- **권력**: 누가 권력을 잡고 있는가? 시민으로서 우리는 민주주의의 미래를 어디서, 무엇을 통해, 어떻게 확보할 것인가?

덧붙여서, 각 영역은 환경과 모든 소속의 원을 보호하는 데 어떻게 기여할 수 있는가?

우리가 일상 삶에서 집단적으로 건강한 결정을 내리고 싶다면, 다른 사람들과 함께 이러한 최신 지식을 다루어야 한다. 특히 권력을 가지고 있는 자들이 이런 대화를 나누어야 하며, 우리는 그들의 대화를 잘 중재할 사람들이 필요하다.

4) 지역 커뮤니티와 쇼핑몰의 개조

이 글을 쓰고 있는 이 순간에도 코로나19로 인해 온라인 수업이 대세를 이루고 있고, 모든 사람이 사회적 거리 두기를 하고 있다. 그러나 이 상황은 영원히 지속되지는 않을 것이다. 만약 그렇다면 더 큰 꿈을 꾸어보자. 피트니스 센터에서 내 몸을 가꾸듯이 우리 내면의 풍요로움에 관심을 주는 빌둥의 문명을 꿈꾸자. 우리가 가족과 쇼핑몰에 가듯이 주말에 가족과 함께 지식 쇼핑하러 가는 것은 어떨지? 전통 방식의 엘

빌둥에서 배운다

리트들이 스파와 스키를 즐기고 술 한 잔을 즐기는 것처럼 호화롭게 빌둥 휴가를 즐기고, 멘탈 스파, 빌둥 그리고 맥주 한 잔을 즐기는 '에프터 빌둥'은 어떨까?

왜 쇼핑몰 바닥은 대리석으로 깔려 있는데 학교의 바닥은 닳고 닳았는가? 왜 술자리, 저녁 파티, 바비큐 파티는 주최하면서 생각 파티, 학습 파티, 지혜로운 대화를 나누는 캠프파이어는 생각도 하지 않는가? 유럽 일부 지역의 학계에서 문화 살롱은 인기를 끌었는데, 이는 변화를 추구하기 위함이 아니었고 고상한 오락에 불과했는가?

왜 전 세계 성인의 대다수는 생존하기 위해 바둥거리면서도, 이 세상에 대한 최신 지식을 찾지 않고, 세상의 변화를 파악할 능력을 증진시키는 것에 관심을 두지 않는가? 왜 우리는 모두가 번영할 수 있는 사회를 만들어 내는 데 필요한 지식으로 스스로 무장하고 서로 공유하지 않는가?

코로나 봉쇄의 여파로 앞으로 여행과 무역의 패턴은 달라질 것이다. 쇼핑몰과 호텔을 리모델링해서 빌둥의 장소로 만드는 것은 어떤가? 돈과 물리적인 상품을 교환하는 장소보다는 질문, 생각, 아이디어, 지식, 예술, 음악, 대화, 이야기, 돈을 교환하는 장소로 만들자. 자신만의 삶을 살 수 있음에도 불구하고 사람들로 가득 찬 영화관에서 왜 수동적으로 앉아서 다른 사람들의 인생에 대한 영화를 보고만 있는가? 그 대신에 영화관에서 서로 같이 노래를 부르는 것은 어떤가?

봉쇄 이전에도 로컬 공동체는 전자 상거래로 이미 지역 상권을 빼앗겼다. 백화점 전체가 포크빌둥 장소로 바꿀 수 있을 정도로 빈 가게들로 넘쳐났다. 쇼핑의 성전 대신에 최고의 현대 예술과 가성비 좋은 고품질의 현장 요리를 제공하는 포크빌둥의 성전이 있다면 어떨까? 집에서 스크린 앞에 앉아 꼭 필요하지도 않고 환경에 나쁜 것들을 주문하는 대신에 나가서 다른 사람들과 함께 먹고, 마시고, 공부할 수 있다.

왜 다른 사람이 주도권을 잡기를 기다리는가? 175년 전의 덴마크 농부, 목사, 교사, 자선가, 그리고 관심 있는 시민들이 했던 것처럼 우리가 오늘날의 사회를 변화시켜보는 것은 어떤가? 아래로부터 시작해 로컬의 자원을 이용해 우리 스스로가 주도권을 갖는 것은 어떤가? 무엇이 우리를 망설이게 하는가?

최고의 투자는 사람

대부분의 현대 사회는 초·중·고등 교육은 필수적인 것으로 여긴다. 하지만 그게 전부다. 대학과 같은 고등 교육은 선택 사항이며 일반적으로 개인이 지불하든 정부가 지불하든 개인에 대한 혜택으로 간주한다. 어떤 이유인지, 국가 재정에서 교육은 투자가 아닌 사회를 위한 비용으로 간주한다.

이상한 일이다. 사람에 대한 투자는 사회 전체를 더 부유하고 안정적이고 민주적으로 만든다. 더 좋은 교육을 더 많은 사람들이 받을수록, 모든 사람들이 더 많은 빌둥을 지니게 된다. '교육과 빌둥'은 모두에게 이익이 되는 공공재이다. 만약 정서적으로 도덕적으로 성숙하고 교육을 잘 받은 사람들이 주변에 많다면, 우리 모두는 더 잘 살게 될 것이다. 더 많은 교육보다는 더 많은 빌둥을 갖춘 사람들이 더 큰 그림을 보고 책임을 진다. 그러한 사람들은 근시안적 사고를 하지 않고 자신만의 이익을 추구하지 않는다.

빌둥에서 배운다

두 개의 다른 공동체 또는 민족 국가를 상상해 보자.

A. 첫 번째 공동체/민족 국가

- 16세의 대다수는 또래 집단에 대해 책임을 지고 그 집단을 대표하는 충성스러운 팀 플레이어이며, 또래와 어른 모두의 신뢰를 받고 있다. 자신에게 가치 있는 교육과 직업이 무엇인지 알고 있다.

  — 그들은 소속의 원 1~6에 대해서는 '자기 통치적'이지만 기본적으로 모든 소속의 원을 의식하고 있다. 빌둥로즈의 모든 영역에 대해서 기본적으로 이해하고 있다.

  — 팬데믹 기간 동안 그들은 취약 계층과 빈곤층에 대한 도의적 책임감을 느낀다.

- 30세 이상의 대다수는 책임감이 있고 동기 부여가 분명한 사람들이다. 그들은 다른 사람들의 관점을 이해할 수 있고 조국을 아끼며 글로벌한 시야를 가지다. 인권과 존엄성을 굳게 믿으며 자연 보호에 큰 가치를 둔다. 그들은 또한 권위에 대항해 일어서고 상관이 실수할 때에 그 사실을 말하는 도덕적 용기를 가지고 있다. 그들은 어떻게 하면 자신의 잠재력을 잘 쓰고 푸시백과 새로운 도전에 대응할 수 있을지를 고민한다.

  — 그들은 '자기 주도적'이며 모든 소속의 원을 의식하고 있다. 소속의 원 1~6에 대한 책임감과 주도권을 즐기고, 소속의 원 7~10의 웰빙에 대해서도 배려를 한다. 그리고 빌둥로즈의 한두 영역에 대해서는 박식하며 나머지 영역에 대한 포괄적인 지식도 가지고 있다.

— 팬데믹 기간 동안 그들은 가이드라인을 완벽하게 준수하고 당국에게는 책임을 요구한다. 그들은 가이드라인이 이치에 맞아야 한다고 주장하고, 그렇지 않다면 당국이 행동을 취할 때까지 계속해 요구한다.

• 50세 이상의 성인들, 특히 리더의 위치에 있는 사람들은 다른 사람들의 관점과 니즈를 볼 수 있고, 다른 사람들이 성장하도록 도울 수 있다. 개인과 그룹 간의 사회적 역학을 이해하고, 사람들 간의 협력을 촉진할 수 있다. 그들은 개인, 집단 및 지구 전체의 안정을 모두 고려한다.

— 그들은 '자기 변혁'을 하고, 모든 소속의 원에 대해 책임을 느낀다. 빌둥로즈의 한두 영역에 대한 전문 지식과 나머지 영역에 대한 비교적 깊은 이해를 갖추고 있고, 상이한 영역들의 지식을 결합할 능력을 갖고 있다.

— 팬데믹 기간 동안 그들은 젊은 사람들과 이해가 부족한 사람들에게 의미 있는 전염병 보호 조치를 취할 수 있는 도덕적 권위와 지혜를 가지고 있다.

B. 두 번째 공동체/민족 국가

• 대부분의 16세들은 그들의 가족 1과 또래 집단에만 공감할 수 있고, 일반적으로 "나에게 무슨 이득이 있을까?"라는 질문에 기초하여 세상을 바라본다.

— 그들은 '자기 통합'을 하고 1~3번 원에 대한 책임감을 느끼고 있고 5와 6에 대해서는 어느 정도의 의식은 가지고 있다. 일곱 개 영역 중 어떤 영역도 제대로 이해하지 못하고 있

빌둥에서 배운다

으며, 각 영역이 사회에 어떻게 기여하는지 또는 각 영역이 먹고사는 것을 해결하는 수준을 넘어서 어떤 의미가 있는지 이해하지 못한다.

— 소매에 재채기하는 것은 힘겹다.

• 30대의 대다수는 가족, 지역 사회, 국가 및/또는 종교를 대표하는 팀 플레이어이다. 다른 사람들의 부정적 평가가 두려워 팀 플레이어가 되려 한다.

— 그들은 '자기 통치'를 하고 1~6번 원에 대해 관심을 갖고 있지만, 대부분 다른 사람들이 어떻게 생각할지에 더 관심이 많고 일곱 개 영역에 대한 이해는 제한적이다.

— 팬데믹 통행 금지 기간 동안 정부는 그들을 신뢰하지 않는다.

• 50세 이상 성인의 소수는 감히 개인적으로 책임을 지고 공식적인 권위나 전통에 대해 반대의 목소리를 낸다. 그들의 국가와 종교에 대한 믿음이 강하며, 세계의 다른 지역을 인지하고는 하지만 그것이 자신들과 관련이 있다고 생각하지 않는다. 경험이 많지만, 정확히 전문가는 아니다.

— 그들은 '자기 주도적'이고 1~6번 원에 대해서 책임감을 갖고 있지만 7~8번 원에 대해서는 의식하고 있는 정도이다. 그리고 자신의 전문 영역에 대한 이해를 하고 있지만, 나머지 여섯 영역에 대한 특별한 지식은 없고 그것들을 연결 지을 능력도 없다.

— 팬데믹 통행 금지 기간, 손을 씻는 사람이 얼마나 적은지 깨닫고 점점 더 두려워한다.

대부분의 사람들은 첫 번째 공동체나 민족 국가를 선호할 것이다. 그리고 만약 우리가 어디엔가 투자한다면, 그것은 아마도 첫 번째 사회일 것이다.

로즈가든 사회

만약 우리가 빌둥에 기반한 사회와 경제를 만든다면 우리의 삶, 사회, 세계, 경제는 어떠한 모습일까? 혹은 모든 개인, 기관, 조직, 기업, 사회 전체를 일곱 개의 영역이 균형 잡힌 장미로 여긴다면? 모든 영역이 비슷한 수준으로 자금이 지원되거나, 아니면 적어도 그렇게 하는 것을 목표로 삼는 사회의 모습은 어떻겠는가?

로즈가든(rose garden)이 규격화된 화단에 심겨진 장미가 따분하게도 똑같이 전지(剪枝)된 전체주의적인 국가를 연상시킬 수 있지만 그런 뜻이 아니다. '정원'은 모든 사람을 위한 최고의 토양과 재배 환경을 의미한다. 그래서 모든 사람이 성장할 수 있는 잠재력을 가진 장미가 될 수 있도록 말이다. 정원의 이미지는 자연과 경작이라는 두 가지 의미를 담고 있다.

1) 로즈가든 경제

빌둥은 돈의 문제가 아니다. 인구 전체의 '교육과 빌둥'은 재정적 자원을 어디에 배분하느냐의 사회적 차원의 문제이다. 마찬가지로, 경제도 빌둥의 문제이다. 국민들은 교육을 받았는가? 그래서 안정적인 경제를 창조할 수 있는 빌둥이 내재되어 있는가? 우리의 경제 활동을 위한 법률을 정할 때 무엇이 우선시되는가?

지속 가능한 경제를 만드는 데 필요한 빌롱은 천연자원의 소비에 대한 이해를 필요로 한다. 즉 자원이 유한한 지구에서 쓰레기의 생산이 기하급수적인 속도로 지속적으로 증가할 수 없다는 것이다. 경제학자, 교육자, 철학자인 케네스 E. 볼딩(Kenneth E. Boulding, 1910~1993)은 이를 다음과 같이 표현했다.

유한한 세상에서 기하급수적인 성장이 영원히 계속될 수 있다고 믿는 사람은 미친 사람이거나 경제학자이다.

자기 조직적(self-organizing)이고 개방적이며 복잡한 생태 시스템으로서의 자연은 영원히 지속될 수 있다. 오늘날, 사람들은 경제를 부채에 대한 이자를 기하급수적으로 발생시켜야 성장하는 시스템으로 이해한다. 반대로 경제를 스스로 지속한 장기적인 생태계로 이해하는 방법도 있다. 내적으로 생명과 진취성으로 가득 차 균형을 이루고 자연과 생태계와 조화를 이루며 작동해야 한다. 이 관점을 이해해야만 지속 가능한 경제 모형을 만들 수 있다. 이 지속 가능한 경제 모형은 현재의 자본주의 성장 모델과 공산주의 경제와는 다르다. 자본주의와 공산주의는 봉건주의를 대체하였지만, 기본적으로 둘 다 봉건주의에서 탄생하였기 때문이다. 만약 당신이 경제학자라면 "성장 없이 경제는 작동할 수 없다!"라고 말할 것이다. 그 말이 맞다. 오늘날의 경제는 성장 없이 작동할 수 없다. 그러나 그것이 바로 우리가 오늘날의 경제 시스템을 재고해야 하는 이유이다.

스스로 지속 가능한 빌롱 에코 경제(eco-economy)가 어떤 모습일지 아무도 모른다. 그러나 코로나 봉쇄 이후에도 과거의 경제 시스템을 반복하는 것은 어쨌든 문제가 될 것이다. 안보와 공급망 이슈 때문에 글로벌화에 대해 근본적으로 다시 심사숙고해야 한다. 이런 변화가 어차피 필요한 시점이니 아예 새로운 모형을 고려해 보는 것은 어떨까?

오늘날의 경제, 자본주의 모형은 이 문제를 해결하는 데 탁월하다. 바로 한정된 자원을 물질적 부와 쓰레기로 바꾸는 방법이다. 자본과 노동은 고려하지만, 토지와 에너지의 소비를 무시한다. 그리고 나중에 더 많은 자본을 획득하는 데 따르는 위험을 감수하는 사람들에게 충분한 보상을 제공함으로써 기능한다. 이 자본주의 모형은 에너지를 포함한 천연자원을 투입하여 기하급수적으로 많은 양의 소비재로 변환시킬 뿐만 아니라 자본과 쓰레기의 양도 증가시킨다. 자본주의 모형 자체는 자본을 분배하여 모든 사람이 지속적으로 소비할 수 있게 해주는 시스템이 아니다. 오로지 정치적 개입만이 이 문제를 해결할 수 있다. 자본주의 모형의 구조 자체는 가장 많은 자본을 가진 사람들이 새로이 생성되는 자본을 계속해서 빨아들이는 이른바 트리클 업 효과(trickle-up-effect)를 가지고 있다[20]. 마치 모노폴리(monopoly) 게임처럼 말이다. 누가 승자가 될 것인지 알 수 있는 상황이 되는 순간 그 즉시 무의미해지는 게임이다. 그럼에도 불구하고 그 게임을 끝까지 하려는 사람이 있을까? 자본을 재분배하려는 정치적 의지가 없는 자본주의 경제의 실상을 그대로 보여주고 있다.

여기서 제안하는 '에코 경제 로즈가든 모형'은 아직은 아이디어 스케

---

20 역자 주: 이 책에서 사용한 트리클 업 효과(trickle-up-effect)는 트리클 다운(trickle-down) 효과의 반대 개념으로서 경제적 불평등을 심화시키는 자본의 부정적 역할을 강조하기 위해 사용되었다.

치 단계이다. 요약하자면, 에코 경제 로즈가든 모형은 경제를 재생 사이클을 중심으로 구조화하는 것을 의미한다. 쓰레기 배출을 감소시키는 제품과 서비스를 만드는 데 모든 사람이 지속적으로 기여하고, 배우고, 가르치고, 깊은 관심을 가지고 창의적으로 관여한다. 더 많은 소비가 중요한 것이 아니고 재활용과 업사이클의 증가량이 이 새로운 모형의 성과 측정 단위일 것이다.

자연에는 돈도 없고 직업도 없지만 많은 일과 교환이 일어난다. 자연의 법정 화폐는 물, 산소, 이산화탄소이다. 생태계의 모든 유기체는 이 세 가지 물질의 지속적인 교환에 참여한다. 모든 유기체는 소비자이자 생산자이다. 식물은 이산화탄소를 흡수하고 산소를 생산하며, 동물들은 산소를 흡수하고 이산화탄소를 생산한다. 그리고 모든 유기체는 물을 순환시킨다.

에코 경제에서는 모두가 '장미'와 같이 번성할 필요가 있다. 에코 경제에서의 성공은 동일한 법정 화폐 시스템 내에 있는 우리가 생산자인 동시에 소비자인 정도로 측정할 수 있을 것이다. 여기서 법정 화폐는 자본주의와 공산주의 및 봉건 경제와 달리, 금융 시스템이 인정하는 화폐만을 뜻하지 않는다. 우리는 동물이기 때문에 물을 순환시키고 산소를 흡수하여 이산화탄소를 발생시킨다. 그리고 우리는 인간이기 때문에 정신을 흡수하여 재생산하고 이를 다시 빌둥을 통해 일로 개인을 표현한다. 그리고 우리는 복잡한 상상의 공동체에 살고 있으므로, 일과 천연자원의 교환을 실현하기 위해 자본을 유통한다. 이 에코 경제 모델이 장기간 동안 지속 가능하려면 천연자원, 아이디어/정신 그리고 돈이 모든 일곱 개의 영역과 모든 소속의 원 사이에 균형감 있게 순환되어야 할 것이다. 문제는 이자가 붙는 미상환 부채에도 불구하고, 어떻게 지속 가능한 균형과 성장해야만 하는 경제를 통합시킬 것인가이다. 코로나 봉쇄가 다른 경제 모형을 향한 실존적 탈출구가 될 수 있는가? 우리는 새로운 경제 모형을 그려낼 상상력을 가지고 있고 이를 감히 추구할 수 있는 빌둥이 내재되어 있는가?

어떠한 사회와 경제 시스템에서든 간에 지속 성장이 가능한 유일한 부분은 우리의 내면세계, 정신, 일의 질, 의미 구성, 책임감, 그리고 우리의 특성과 독특함이다. 이것이 빌둥이다. 빌둥은 세상에 새로 진입하거나 세상의 경쟁에서 밀려난 사람들까지 모두가 사회와 경제에 융화될 수 있게 해 준다. 자본주의 경제에서는 초보자들, 배우는 속도가 느리고 일자리를 유지하지 못하는 사람들, 세상을 다르게 인식하거나 서투른 사람들, 경쟁도 못하면서 협력도 못하는 사람들, 이러한 사람들은 경제의 생산과 소비, 두 측면에서 모두 소외된다. 현존 경제 시스템은 협업보다는 경쟁에 기초하고 있고, 경쟁할 수 없는 사람들을 완전히 배제한다.

반면에 경쟁보다 협력과 빌둥에 더 큰 가치를 부여하는 빌둥로즈 정원의 에코 경제 모형은 돌려주는 것 이상으로 천연자원을 사용하지 않는다. 모든 사람이 생산자인 동시에 소비자인 정도를 성공 척도로 삼는 빌둥로즈 정원의 에코 경제는 실제로 기하급수적으로 성장할 수 있다. 여기서 말하는 '성장'이란 에너지 소비와 쓰레기 생산이 아니라 내면의 풍요로움, 의미 구성, 협력, 도덕성의 측면이다. 이러한 성장은 특히 가장 경쟁적인 사람들에게 요구된다. 경쟁은 일부 목적을 위해서는 필요하지만, 그 과정은 공정해야 하고 모두를 위한 평평한 운동장이 구비되어 있어야 한다. 빌둥 에코 경제는 다양성을 포용하고 수용하고 심지어 즐길 수 있는 일종의 문화이자 경제일 수 있다. 괴짜, 일탈자, 약자들은 여전히 독특할 것이고, 그들의 관점과 기여는 항상 다를 것이며 이는 일부 사람들에게는 큰 도전이며 푸시백일 것이다. 이러한 도전과 푸시백을 가치 있게 받아들이는 문화, 경제, 문명은 최고의 인본주의와 문명이다. 코로나 봉쇄를 통해 이미 세계 문명은 시장보다 취약 계층을 더 많이 배려한다는 것을 보여주었다.

정원이란 자연이며 문화이다. 우리는 자연으로부터 식물을 가져왔다. 그리고 필요와 상상력에 따라 틀을 만들고 재배했다. 그리고 우리의 경작 방식은 자연과 나름대로 조화를 이룬다. 잡초나 벌레를 퇴치하기 위해 특정 종류의 벌레를 사용하고 동물의 배설물을 비료로 사용하는 것과 같이 자연에 이미 존재하는 메커니즘을 활용한다. 대안적으로 화학 물질을 농약과 비료로 사용할 수 있다. 첫 번째의 자연 친화적 방식은 두 번째 화학적 접근 방식에 비해 생산성이 낮다. 그렇지만, 첫 번째 방식은 제대로 실행된다면, 그 방식 자체가 자연적이기 때문에 자연처럼 영원히 지속될 수 있을 것이다. 어느 순간부터 인공 농약과 비료는 꽃가루 매개자를 죽이거나 물을 오염시킴으로써 주변 자연환경에 악영향을 미친다.

우리는 자연과 문화 사이의 올바른 균형을 찾아야 한다. 인간이 어떻게 음식을 생산하는지, 그리고 어떻게 인간이란 동물이 지구상 생명계의 유기체적 사이클의 일부인지를 고민해야 한다. 경제 모형을 자연의 선물을 인간의 발명과 활동과 교환하게 해 주는 인프라로 정의 내린다면, 이 경제 모형은 반드시 이 지구와 자연과 조화를 이루어야 한다.

내가 말하는 로즈가든 경제는 개별 장미꽃, 즉 각각의 인간, 가족, 공동체, 국가, 대륙, 그리고 지구 전체가 빌둥로즈 안에 빌둥로즈가 있는 모습을 띤 경제 모형이다. 그리고 그 경제 모형에서 장미의 일곱 개의 영역이 모든 가능한 복잡성의 수준에서 이에 알맞게 균형을 갖추고 번성하여야 한다.

로즈가든 경제는 정원이기 때문에 자연이면서 문화이다. 우리는 정원을 관리하는 정원사이다. 개개인, 가족, 공동체, 국가, 대륙, 다국적 조직의 글로벌 공동체는 모두 각각이 장미이며 정원이다. 좋은 정원사는 단지 보이는 곳만 다듬는 것이 아니라 전체를 돌본다. 지역 기후의 주기를 알고, 자연의 변화를 알아차리고, 이에 맞게 정원을 가꾼다. 정말로 훌륭한 정원사는 수년 앞을 내다보며 계획을 세우고, 미래에 토지, 물, 곰팡이, 동물, 식물의 상태가 어떻게 될지 신경을 쓴다. 그리고 각각의 장미가 자라고 번성할 수 있도록 태양과 그늘에 주의를 기울인다.

로즈가든의 이미지 너머를 생각한다면, 정원을 가꾸는 것은 인간과 관련된 흥미로운 현상이다. 정원은 인간이 자연을 조작하는 가장 초기의 형태로서 정착 농업과 축산업보다 먼저 생겨났다. 정원은 작아서 조그만 땅 조각이나 뒤뜰 정도일 뿐이다. 큰 정원은 공원이거나 시장에 채소나 농산물을 팔기 위한 정원이다. 정원에게는 인간에 적합한 크기가 있다. 그것을 어떻게 아는가? 그냥 안다. 정원에는 본질적으로 '정원과 같은 느낌을 주는 인간적인 무엇인가'가 있다. 어른 한두 명이 가꾸고 잘 자라게 해서 가족을 부양할 수 있는 정도인 것 같다.

세계에서 스트레스, 불안, 우울로 가장 많이 시달리는 곳들에서 정원 가꾸기는 치유의 도구가 되고 있다. 자연의 속도에 굴복해 무언가가 자라는 것을 지켜봄으로써 영혼을 달랠 수 있다. 물을 주고, 가지를 치고, 잡초를 뽑고, 비료를 주고, 파내고, 새로 심으면서 꽃이 피고 수확한 농산물로 만든 집밥을 먹을 날을 손꼽아 기다리면서 우리는 행복하고 번창한다. 우리의 깊은 내면과 연결되고 우리도 정원과 함께 경작되어 간다.

스트레스, 불안, 우울, 그리고 특히 고독에 시달리는 세계 곳곳에서 정원 가꾸기를 통해 로컬 공동체를 발전시키고 환경을 개선하고 음식 배송과 쓰레기를 감소시킬 수 있다는 것을 재발견하고 있다. 근린 정원, 루프탑 가든, 뒤뜰 정원 등을 포함해 온갖 정원이 도시에 나타나 인간과 자연, 그리고 우리의 내면을 한 곳으로 모으고 있다. 시간의 거대한 수레바퀴가 계절의 변화를 가져오듯이 봄과 수확의 계절이 오고, 끊임없이 변화하고 삶은 이어진다. 그 흐름에 리듬이 있고 그 리듬은 우리를 우리가 시작했던 곳으로 연결해주고 우리에게 자연에 항복하라고 말하고 있다. 이것 역시 빌둥이다. 인간의 정신. 루아흐. 아트만. 가이스트.

덴마크의 포크빌둥 운동과 폴케호이스콜레 운동이 농업과 매우 밀접하게 연관되어 있다는 것은 아마도 중요할 것이다. 굶어 죽는 것이 다반사였던 시대에 식량을 더 많이 생산하는 것은 매우 의미 있는 일이다. 이런 의미 있는 일을 나라의 발전과 더 높은 목적의 성취라는 더 큰 그림과 연결시킨 것은 정말로 근사한 느낌을 주었을 것이다. 심지어 배설물을 삽으로 퍼내는 것조차도 느닷없는 깊은 의미를 가지게 되었을 것이다.

오늘날 서양은 육체적으로 배고프고 물질적으로 가난하지 않다. 오히려 과식과 과소비 때문에 죽는다. 세계적으로 배고픔보다 비만이 더 큰 문제이다. 우리는 정신적으로 굶주려 있고 이 굶주림을 빌둥으로 해소해야 한다.

코로나 봉쇄 이후와 나머지 21세기의 기간에 우리가 무엇을 할지는 우리 손에 달려 있다. 운명은 정해져 있지 않다. 그 어떤 것도 우리가 팬데믹 이전에 했던 것을 또 반복하는 것을 막을 수 없듯이 우리가 다른 선택을 하는 것 또한 막을 수 없다. 단지 새로운 선택에는 새로운 종류의 교육, 새로운 종류의 빌둥, 새로운 대화와 지식과 아이디어가 필요하다.

우리는 무엇을 선택할 것인가? 그리고 어떻게 선택할 것인가?

● 참고문헌

○

Abbt, Thomas: *Vom Tode für das Vaterland* (1761)

Abbt, Thomas: *Vom Verdienste* (1765)

Adams, Frank with Myles Horton: *Unearthing Seeds of Fire: The Idea of Highlander* (John F. Blair, 1975)

Adler, Hans and Wulf Köpke: *A Companion to the Works of Johann Gottfried Herder* (Camden House, 2009) Agarth, Carl Adoph: *Reservation mot Stora undervisning-skommitténs slut\-betänkande* (1828) from Burman, Anders and Per Sundgren: *Bildning* (Daidalos, 2010)

Almqvist, Carl Jonas Love: *Det går an* (Det går an, Danish translation: Ida Jessen, Gyldendal, 2008)

Alsheimer, Leif: *Bildningsresan – Från ensidig instrumentell utbildning till samman-hangsskapande bildning* (Bokförlaget Prisma, 2004)

Andersen, Lene: *Globalt gearskift* (Det Andersenske Forlag, 2014)

Andersen, Lene Rachel og Björkman, Tomas: *The Nordic Secret -- A European Story of Beauty and freedom* (Fri Tanke, 2017)

Andersen, Lene Rachel: *Metamodernity* (Nordic Bildung, 2019)

Andersen, Lene Rachel: *The Bildung Rose* (Nordic Bildung, 2019) http://nordicbil-dung.org/publication/the-bildung-rose/

Andersen, Poul E.: *Det myteløse menneske* (Aschehoug, 1969)

Austlid, Andreas: *Ein folkelærar* (Gyldendalske Boghandel, Nordisk Forlag, 1911)

빌둥에서 배운다

Bairoch, Paul: *Europe's Gross National Product: 1800-1975,*: (1976)

Beutin, Wolfgang and Klaus Ehlert, Wolfgang Emmerich, Helmut Hoffacker, Bernd Lutz, Volker Meid, Ralf Schnell, Peter Stein, Inge Stephan: *A History of German Literature: From the Beginnings to the Present Day* (Routledge, 2005)

Bjørn, Claus: Folkehøjskolen og Andelsbevægelsen (Selskabet for skole- og uddannelseshistorie, Årbog 1971)

Bjørnson, Bjørnstjerne: *En Hanske* (1883)

Björkman, Tomas: The Market Myth (Fri Tanke, 2016)

Björkman, Tomas: Världen vi skapar (Fri Tanke, 2017)

Booth, Michael: *The Almost Nearly Perfect People* (Vintage Books, 2015)

Bradley, S.A.J.: *N.F.S. Grundtvig a Life Recalled* (Aarhus University Press, 2008)

Brandes, Georg: *Samlede skrifter 1-13* (Collected writings 1-13) (Gyldendal, 1919)

Branting, Hjalmar: Op-ed (Arbetet, 10 August, 1889)

Brinkmann, Svend: *Stå fast - et opgør med tidens udviklingstrang* (Gyldendal Business, 2014)

Bruford, W.H.: *The German Tradition of Self-Cultivation - 'Bildung' from Humboldt to Thomas Mann* (Cambridge University Press, 1975)

Brühlmeier, Arthur: *J.H.Pestalozzi - Auswahlt aus seinen Schriften Vol. 1-3* (Uni Taschenbücher, 1979)

Brühlmeier, Arthur: *Menschen Bilden* (Verlag Merker im Effingerhof)

Brühlmeier, Arthur: *Head, Heart and Hand - Education in the Spririt of Pestalozzi* (Sophia Books, 2010)

Bruun, Kristoffer: *Folkelige Grundtanker* (For Kirke-, Skole-og Folkeoplysning - Tillæg til Oplande\-nes Avis, No. 6, 1877, 1 Årgang)

Bruun, Christopher: *Folkelige Grundtanker* (Alb. Cammermeyers Forlag, 1878)

Bukdahl, Jørgen and Jens Marinus Jensen (editors): *Fri Ungdom - Dansk folkeligt Ungdomsarbejde* (Forlaget Arnkrone, 1944)

Burman, Anders and Per Sundgren: *Bildning* (Daidalos, 2010)

Burman, Anders and Per Sundgren: *Svenska Bildningstraditioner* (Daidalos, 2012)

Bygdén, Leonard: Benjamin Höijer. En kort sammanställning af hans lefnad och filosofiska tillstånd (J. Sundvallson, 1782)

Christensen, Dan. Ch.: *Hans Christian Ørsted* – *Reading Nature's Mind* (Oxford University Press, 2013)

Danske Frimurerorden, Den: *I Guld og Himmelblåt* – *Frimureriet i Danmark gennem 250 år* – *1743* – *1993* (Den Danske Frimurerorden, 1992)

Duetoft, Peter: *Frimureri* – *fortid eller fremtid?* (Den Danske Frimurerorden, 2003)

Eigaard, Søren (editor): *Velfærd og folkeoplysning* (Odense Universitetsforlag, 2002)

Eckermann, Johann Peter: *Samtaler med Goethe* (*Gespräche mit Goethe*, excerpts translated by Elsa Gress, Hans Reitzels Forlag, 1963)

Engberg, Hanne: *Historien om Christen Kold, en skolehistorisk afhandling* (Gyldendal, 1985)

Evangelisk Kyrkovän, various issues 1854–1857.

Federlin, Wilhelm–Ludwig: *Von der Güte des Herzens und dem Wohlwollen* – *Die vorzüglichen Seelen\-kräfte in der Philosophie Thomas Abbts* (Journal of Religious Culture, Journal für Religions\-kultur, no. 111, 2008)

Fibiger, Mathilde: *Clara Raphael Tolv Breve* (1851) (Lindhardt & Ringhof, 1976)

Fichte, Johann Gottlieb: *Beitrag zur Berichtigung der Urteile des Publikums über die französische Revolution* (1793)

Fichte, Johann Gottlieb: *Tal till tyska nationen* (Albert Bonniers förlag, 1914)

Fichte, Johann Gottlieb: *Über den Begriff der Wissenschaftslehre* (Reclam, 1972)

Fichte, Johann Gottlieb: *Die Bestimmung des Menschen*, (Der Vossischen Buchhandlung, 1800 / Reclam, 1962)

Fiell, Charlotte and Peter: *Scandinavian Design* (Taschen, 2002)

Frisch, Hartvig: *Europas kulturhistorie* (Politikens Forlag, 1962)

Fromm, Erich: *Escape from Freedom* (1941) (Avon Books, 1965)

Geijer, Erik Gustaf: *Försök till en kort översikt av uppfostran, dess särskilda arter och dessas förhål\-lande till staten* (1826) from Burman, Anders and Per Sundgren: *Bildning* (Daidalos, 2010)

GEO EPOCHE Nr. 52: *Otto von Bismarck*

Gilroy, Paul: *The Black Atlantic* (Verso Books, 1993)

빌둥에서 배운다

Goethe, Johann Wolfgang: *Götz von Berlichingen mit der eisernen Hand* (1773)

Goethe, Johann Wolfgang: *Die Leiden des jungen Werter* (1774)

Goethe, Johann Wolfgang: *The Sorrows of Young Werther*:

Goethe, Johann Wolfgang von: *Briefwechsel zwischen Schiller und Goethe, Vol. 1* (1805)

Goethe, Johann Wolfgang von: *Faust* (in Danish translation – version can currently not be veri\-fied)

Graff, Harvey J. et.al.: *Literacy and social development in the West*, (Cambridge University Press, 1981)

Graves, Clare W.: *Human Nature Prepares for a Momentous Leap* (The Futurist, April 1974)

Green, Allan: *Kierkegaard bland samtida* (Förlags AB Gondolin, 1995)

Grundtvig, Nikolai Frederik Severin: *Smaaskrifter om den historiske Høiskole* (Karl Schønberg, 1872)

N.F.S. Grundtvigs Bibliothek (N.F.S. Grundtvig's Library) Catalogue of the books from Grundtvig's library that were put up for sale in 1873 after his death (see image below)

Gur-Ze'ev, Ilan: Diasporic Philosophy and Counter-Education (Sense Publishers, 2010)

Gärdenfors, Peter: *Tankens vindlar* (Nya Doxa, 2005)

Gärdenfors, Peter: *Den meningssökande människan* (The meaning seeking human), (Natur och Kultur, 2006)

Gärdenfors, Peter: *Lusten att förstå* (Natur & Kultur, 2010)

Haidt, Jonathan: *The Righteous Mind* (Vintage Books, 2012)

Hall, John A., Ove Korsgaard, and Ove K. Pedersen: *Building the Nation – N.F.S. Grundtvig and Danish National Identity* (Djøf Publishing, 2015)

Hammerich, Paul: *Lysmageren : en krønike om Poul Henningsen* (Gyldendal, 1986)

Hansen, Jan-Erik Ebbestad: *Norsk tro og tanke 1800-1940, vol. 2* (Tano-Aschehoug, 1998)

Hastedt, Heiner: *Was ist Bildung* (Reclam, 2012)

Heafford, M.R.: Pestalozzi: *His Thought and its Relevance Today* (Routledge, 2016)

Hegel, G.W.F.: *Phänomenologie des Geistes* (1807 / Reclam, 2014)

Hegel, G.W.F.: *Åndens fænomenologi* (Gyldendal, 2005)

Hegel: De Store Tænkere; Uddrag af diverse tekster (excerpts from various texts – Danish trans\-lation Oskar Borgman Hansen, Rosinante, 2000)

Henningsen, Poul: *Kulturkritik Bind I–IV* (Rhodos, 1973)

Hentig, Hartmut von: *Bildung* (Karl Hanser Verlag, 1996)

Herder, Johann Gottfried: *Journal meiner Reise im Jahr 1769*

Herder, Johann Gottfried: *Auch eine Philosophie der Geschichte zur Bildung der Menschheit* (1774)

Herder, Johann Gottfried von: *Sammtliche Werke: zur Philosophie ···*, Volume 16

Hertel, Hans: *Det stadig moderne gennembrud* (Gyldendal, 2004)

Holmberg, Teodor: *Den svenska folkhögskolan* (Föreningen Heimdals Folkskrifter. – N:r 45. – F. & G. Beijers Bokförlagsaktiebolag, 1897)

Horton, Myles with Judith Kohl & Herbert Kohl: *The Long Haul, an autobiography* (Teachers Col\-lege Press, 1998)

Humboldt, Wilhelm von: *Ideen zum einem Versuch, die Grenzen der Wirksamkeit des Staats zu bestimmen* (Reclam, 1967 / 2005)

Hume, David: *An Enquiry Concerning Human Understanding* (1748)

Høiris, Ole and Thomas Ledet (editors): *Romantikkens verden – Natur, menneske, samfund, kunst og kultur* (Aarhus Universitetsforlag, 2008)

Høverstad, Torstein: *Ole Vig – Ein norrøn uppsedar* (Forlag Norrøn Livskunst, 1953)

Ibsen, Henrik: *Et Dukkehjem* (1879)

Ibsen, Henrik: *En Folkefiende* (1882)

Ignasiak, Detlef: *Das Literarische Jena* (Qvartus Verlag, 2012)

ILO: Global Estimates of Modern Slavery (2017)

Jacob, Margaret C.: *Living the Enlightenment – Freemasonry and Politics in Eighteenth-Century Europe* (Oxford University Press, 1991)

Kant, Immanuel: *Zum ewigen Frieden und andere Schriften* (Fischer Taschenbuch

Verlag, 2008)

Kant, Immanuel: *What is Enlightenment?*

Kant, Immanuel: Uddrag af *Kritik af den rene fornuft* samt *Grundlæggelse af moralens metafysik* (excerpts from *Kritik der reinen Vernunft* and *Grundlegnung zur Metaphysik der Sitten* – Danish translation Justus Harnack; from De store tænkere, Rosinante, 1991)

Kegan, Robert: *The Evolving Self: Problem and Process in Human Development* (Harvard Univeristy Press, 1982)

Kegan, Robert: *In Over Our Heads: Mental Demands of Modern Life* (Harvard University Press, 1994)

Kegan, Robert: *Immunity to Change: How to Overcome It and Unlock the Potential in Yourself and Your Organization* (Leadership for the Common Good) (Harvard Business School Publish\-ing Corporation, 2009)

Kemp, Peter: *Løgnen om dannelse – opgør med halvdannelsen* (Tiderne Skifter, 2015)

Kemp, Peter: *Verdensborgeren – Pædagogisk og politisk ideal for det 21. århundrede* (Hans Reitzels Forlag, 2013)

Keßler, Martin: *Johann Gottfried Herder – der Theologe unter den Klassikern: Das Amt des Generalsu\-perintendenten von Sachsen-Weimar* (Walter de Gruyter, 2007)

Key, Ellen: *Bildning. Några synpunkter* (1897) from Burman, Anders and Per Sundgren: *Bildning* (Daidalos, 2010)

Key, Ellen: *Från människosläktets barndom* (Studentföreningen Verdandis Småskrifter, 1888)

Key, Ellen: *Moralens utveckling*, 1891 Fri bearbetning efter Ch. Letourneau: ≫*L'Évolution de la mora\-le*≫ (Studentföreningen Verdandis Småskrifter, 1891)

Key, Ellen: *Individualism och socialism* (Studentföreningen Verdandis Småskrifter, year unclear)

Key, Ellen: *Skönhet för alla* (Studentföreningen Verdandis Småskrifter, 1870 / 1891 / 1904)

Kierkegaard, Søren: *Enten-Eller* (Either-Or) *Vol. 1* & *2*, 1843 (Samlede Værker vol.

2 & 3, Gyldendal, 1962)

Kierkegaard, Søren: *Stadier på Livets Vei* (Stages on Life's Way) Vol. 1 & 2, 1845 (Samlede Værker vol. 2 & 3, Gyldendal, 1962)

Knudsen, Jørgen: *Georg Brandes – den mangfoldige* (Gyldendal, 2005)

Koch, G.H. von: *Om Arbetarnas Konsumptionsföreningar i England* (Studentföreningen Verdandis Småskrifter, 78, 1899)

Kold, Christen: *Tale ved Vennemødet i København 1866.*

Koller, Hans-Christoph: *Bildung anders denken – Einführung in die Theorie transformatorischer Bildungsprozesse* (Kohlhammer, 2012)

Korsgaard, Ove: *A Foray into Folk High School Ideology* (FFD (the folk-high-school association in Denmark), 2019)

Kühn, Manfred: *Johann Gottlieb Fichte: Ein deutscher Philosoph* (C.H. Beck, 2012)

Laloux, Frederic: *Reinventing Organizations* (Nelson Parker, 2016)

Lambert, David A.: *How Repentance Became Biblical – Judaism, Christianity, and the Interpretation of Scripture* (Oxford University Press, 2016)

Laneth, Pia Fris: *1915 Da kvinder og tyende blev borgere* (Gyldendal, 2015)

Larsen, Christian, Erik Nørr og Pernille Sonne: *Da skolen tog form 1780–1850* (Aarhus Universitets\-forlag, 2013)

Lausten, Martin Schwarz: Kirkehistorie – grundtræk af Vestens kirkehistorie fra begyndelsen til nutiden (Anis, 1998)

Lessing, Gotthold Ephraim: *Nathan der Weise* (1779)

Lessing, Gotthold Ephraim: *Die Erziehung des Menschengeschlechts* (Gotthold Ephraim Lessing, 1780)

Liessmann, Konrad Paul: *Theorie der Unbildung* (Piper Verlag, 2008 / 2015)

Lindeman, Eduard: *The meaning of adult education* (New Public, Inc., 1926)

Linge, Karl: *Hur den svenska folkskolan kom till* (Studentföreningen Verdandis Småskrifter, no. 62, 1911)

Lübcke, Poul: *Politikens Filosofileksikon* (Politikens Forlag, 1995)

Maddison Project, The: Bolt, J. and J. L. van Zanden (2014). *The Maddison Project: collaborative re\-search on historical national accounts.* The Economic History

Review, 67 (3): 627 – 651 (2913)

Marx, Karl: De Store Tænkere; Uddrag af diverse tekster (excerpts from various texts – Danish translation Johannes Witt-Hansen, Rosinante, 2000)

Mendelssohn, Moses: *Über die Frage: was heißt aufklären?* (1784)

Merle, Jean-Christoph (ed.): *Johann Gottlieb Fichte: Grundlage des Naturrechts* (De Gruyter, 2016)

Mezirow, Jack, Edward W. Taylor, and Associates: *Transformative Learning in Practice – Insights from Community, Workplace, and Higher Education* (Jossey-Bass, 2009)

Michelsen, Wilhelm: *Pædagogik og livssyn* (Selskabet for Dansk Skolehistorie: Årbog for dansk skolehistorie, 1967, p.48-58)

Mykland, Knut: *Norges Historie, Bind 11 To kulturer en stat 1851-1884* (J.W. Cappelens Forlag, 1976-80)

Nealon, Jeffrey T.: *Post-Postmodernism or, The Cultural Logic of Just-in-Time Capitalism* (Stanford University Press, 2012)

Nida-Rümelin, Julian: *Auf dem Weg in eine neue deutsche Bildungskatastrofe – Zwölf unangenehme Wahrheiten* (Verlag Herder, 2015)

Nida-Rümelin, Julian: *Der Akademisierungswahn – Zur Krise beruflicher und akademischer Bildung* (Körber-Stiftung, 2014)

Nida-Rümelin, Julian: *Philosophie einer humanen Bildung* (Körber-Stiftung, 2013)

Nielsen, Anton: *Om Hans, der kom paa Høiskolen* (O. H. Delbanco, 1867)

Nielsen, Anton: *Om Karen, der kom paa Høiskolen* (O. H. Delbanco, 1868)

Nielsen, Niels Kayser: *Bonde, stat og hjem* (Aarhus Universitetsforlag, 2009)

Nietzsche, Friedrich: *Antikrist* (Der Antichrist. Flucht aus das Christentum – Danish translation by Peter Thielst, Det lille Forlag, 2005)

Nietzsche, Friedrich: *Således talte Zarathustra* (Also sprach Zarathustra – Danish translation by Niels Henningsen, Det lille Forlag, 1999)

Nietzsche, Friedrich: *Menneskeligt, alt for menneskeligt* (Menschliches, Allzumenschliches – Danish translation by Niels Henningsen, Det lille Forlag, 2007)

Olsson, Oscar: *Folklig självuppfostran* (1918) from: Burman, Anders and Per Sundgren: *Bildning* (Daidalos, 2010)

Pestalozzi, Johann H.: *Sämtliche Werke und Briefe. Registerband 1*

Pestalozzi, Johann Heinrich: *Meine Nachforschungen über den Gang der Natur in der Entwicklung des Menschengeschlechts*

Piaget, Jean: *The Language and Thought of the Child* (Routledge Classics, 2001)

Piaget, Jean: *Psychology Of The Child* (Basic Books, 1969, 1971, 2000)

Pilling, Claudia; Diana Schilling, Miriam Springer: *Friedrich Schiller* (Rowolt Taschenbuch Verlag, 2002, 2010)

Pirtle, Wayne G.: *German Adult Education Following the Unification of 1871* (Adult Education, 23, 2, 99-114, W 73)

Rauhut, Franz, Ilse Schaarschmidt, Wolfgang Klafki: *Beiträge zur Geschichte des Bildungsbegriffs* (Verlag Julius Beltz, 1965)

Rousseau, Jean-Jacques: *Discourse on the Arts and Sciences*

Rousseau, Jean-Jacques: *Emile*

Rousseau, Jean-Jacques: *Considerations on the Government of Poland*

Rousseau, Jean-Jacques: *Julie, or the New Heloise*

Rousseau, Jean-Jacques: *The Social Contract*

Rousseau, Jean-Jacques: *Emile vol. 1*

Rousseau, Jean-Jacques: *Emile vol. 2*

Rousseau, Jean-Jacques: *Discours sur les Sciences et les Arts* (1750)

Safranski, Rüdiger: *Goethe – Kunstwerk des Lebens* (Fischer Taschenbuch, 2015)

Safranski, Rüdiger: *Schiller – oder Die Erfindung des Deutschen Idealismus* (Hanser, München 2004)

Safranski: Rüdiger: *Goethe und Schiller. Geschichte einer Freundschaft* (Hanser, München 2009)

Scavenius, Bente: *The Golden Age Revisited – Art and Culture in Denmark 1800-1850* (Gyldendal, 1996)

Schaarschmidt, Ilse: *Der Bedeutungswandel der Worte "bilden" und "Bildung" in der Literaturepoche von Gottsched bis Herder, in: Beiträge zur Geschichte des Bildungsbegriffs,* (as reproduced in Beitrage zur Geschichte des Bildungsbegriffs,

Verlag Julius Beltz, 1965)

Schanz, Hans-Jørgen: *Frihed* (Aarhus Universitetsforlag, 2012)

Schelling, F.W.J.: *Über das Wesen der menschlichen Freiheit* (Reclam, 1964)

Schiller, Friedrich: *Die Räuber* (1781) (Reclam, 1969, 2014)

Schiller, Friedrich: *Die Räuber* (1781)

Schiller, Friedrich: *Über die ästhetische Erziehung des Menschen, in einer Reihe von Briefen* (1795)

Schiller, Friedrich: *On the Aesthetic Education of Man* (Penguin Classics, 2016)

Schiller, Friedrich: *On the Aesthetic Education of Man* (Dover Publications, 2004)

Schück, H., K. Warburg: *Illustrerad Svensk Litteraturhistoria* (Hugo Gebers Förlag, 1929)

Schück, Henrik: Allmän Litteraturhistoria (Hugo Gerbers Förlag)

Seitter, Wolfgang: *Geschichte der Erwachsenenbildung* (Das Deutsche Institut für Erwachsenenbil\-dung (DIE), 2007)

Shaftesbury, Anthony Ashley-Cooper, 3rd Earl of: Volume 1: (1707-27)

Shaftesbury, Anthony Ashley-Cooper, 3rd Earl of: Volume 2: (1707-27)

Shaftesbury, Anthony Ashley-Cooper, 3rd Earl of: Volume 3, (1707-27)

Simon, Erica: *– og solen står med bonden op – De nordiske folkehøjskolers idehistorie* (Askov Højsko\-les Forlag, 1989)

Skovmand, Roar: *Samspillet mellem Nordens folkehøjskoler indtil Anden Verdenskrig.* (Universitets\-forlaget i Aarhus, 1983 / Jysk Selskab for Historie, 41, 1983.)

Snellman, Johan Vilhelm: *Om det akademiska studium* (1840) from Burman, Anders and Per Sundgren: *Bildning* (Daidalos, 2010)

Sohlman, August: *Om bonde-högskolor. : Förhandlingar i Nordiska nationalföreningen den 5 och 11 dec. 1867.* (Aftonbladet, 1868 / National Library of Sweden)

Spicer, Chriss (editor): *Lifted by the Heart – Writings from Option, Journal of the Folk Education Association of America* (Circumstantial Productions, 2009)

Staaff, Karl: *Församlingsrätten,* (Studentföreningen Verdandis Småskrifter, 1891)

Stephenson, George M.: *The Religious Aspects of Swedish Immigration* (The University of Minesota Press, 1932)

Stewart, Jon: *Kierkegaard and His Contemporaries: The Culture of Golden Age Denmark* (Walter de Gruyter, 2003)

Strindberg, August: *Röda rummet* (1879)

Strindberg, August: *Nya riket* (1882)

Suny, Ronald Grigor and Michael D. Kennedy: *Intellectuals and the Articulation of the Nation* (Uni\-versity of Michigan Press, 2001)

Svenning, Olle: *Hövdingen. Hjalmar Branting: En biografi* (Albert Bonniers Förlag, 2014)

Sørensen, Svend and Niels Nielsen: *I hælene på Christen Kold – En skildring af en thybo og hans skole* (Sparekassen Thy's Forlag, 1990)

Taylor, Edward W., Patricia Cranton and Associates: *The Handbook of Transformative Leraning – Theory, Research, and Practice* (Jossey-Bass, 2012)

Tegnér, Esaias: *Tal i Jönköping skola* (1827) from Burman, Anders and Per Sundgren: *Bildning* (Daidalos, 2010)

Theml, Christine: *Schiller und Goethe in Jena* (Verlag Janos Stekovics, 2009)

Tøsse, Sigvart: *Folkeopplysning og vaksenopplæring, idear og framvekst gjennom 200 år* (Didakta Norsk Forlag, 2005)

University of Aarhus: about the Danish slave trade: https://danmarkshistorien.dk/leksikon-og-kilder/vis/materiale/ernst-schimmelmanns-brev-af-18-juni-1791-om-slavehandelen/ https://danmarkshistorien.dk/leksikon-og-kilder/vis/materiale/forordning-om-negerhan\-delen-1792/

Vieweg, Klaus and Michael Winkler: *Bildung und Freiheit – Ein vergessener Zusammenhang* (Ferdin\-and Schöningh, 2012)

Vig, Ole et al.: *Folkevennen* (periodical, Selskabet til Folkeoplysningens Fremme, years 1852, 1853, 1854)

Similar periodicals from the same time:

Fattig og Riig, et Søndagsblad til opbyggelig Underholdning (H. Halling, personel Kapellan, 1848-49, M.C. Fabritius's Bogtrykkeri)

Almuevennen (weekly periodical, 5 issuse 1849)

Maanedstidende for den norske Almueskole – Under medvirken af norsk Kirketi-

dendes Redaktør, Cand. i Theol. Th. C. Bernhoft med flere Theologer og Lærere
(B.S. Krognæss, Skolelærer i Aker, 1861, B.M. Bentzens Bogtrykkeri)

Vygotsky, Lev: Mind in Society, Harvard, 1978

Welzel, Christian: Freedom Rising: *Human Empowerment And The Quest For Eman-cipa\-tion* (Cambridge University Press, 2014)

Wäktaren, Tidning för Stat och Kyrka, 17 January 1855.

Wäktaren, Tidning för Stat och Kyrka, 20 January 1855.

북유럽 교육 혁신,
개인과 공동체가 함께 성장하는 미래

빌둥에서 배운다

1판 1쇄 발행 2023년 8월 11일
1판 3쇄 발행 2024년 12월 31일

지은이   레네 레이첼 안데르센
옮긴이   이원준
펴낸이   유지범
책임편집   구남희
편집   신철호 · 현상철
외주디자인   심심거리프레스
마케팅   박정수 · 김지현

펴낸곳   성균관대학교 출판부
등록   1975년 5월 21일 제1975-9호
주소   03063 서울특별시 종로구 성균관로 25-2
전화   02)760-1253~4
팩스   02)760-7452
홈페이지   http://press.skku.edu/

ISBN 979-11-5550-598-4 93370